信仰的力量

马代绍俊◎著

航空工业出版社

内容提要

理想信念是共产党人精神上的“钙”。没有理想信念，理想信念不坚定，精神上就会“缺钙”，就会得“软骨病”。世界观、人生观、价值观是“总开关”，马克思主义、共产主义理想是共产党人的“命脉和灵魂”，是经受住任何考验的“精神支柱”。

本书分信仰信念的价值、信仰缺失的危害、坚守信仰的途径等方面，系统阐述了共产党的信仰、共产党人的理想、社会主义核心价值观的极端重要性以及世界观、人生观、价值观的极端重要性，旗帜非常之鲜明，阐述非常之透彻，给人以深刻的教育和启发，让人感受到信仰的味道、信仰的感召、信仰的力量。

本书适合广大党员干部阅读。

图书在版编目（CIP）数据

信仰的力量 / 马代绍俊著. -- 北京：航空工业出版社，2018.1

ISBN 978-7-5165-1406-1

Ⅰ. ①信… Ⅱ. ①马… Ⅲ. ①中国共产党－党员－思想政治教育－学习参考资料 Ⅳ. ①D261.42

中国版本图书馆 CIP 数据核字（2017）第 294801 号

信仰的力量
Xinyang De Liliang

航空工业出版社出版发行
（北京市朝阳区北苑 2 号院 100012）
发行部电话：010-84934379　010-84936343

北京温林源印刷有限公司　全国各地新华书店经售
2018 年 1 月第 1 版　2018 年 1 月第 1 次印刷
开本：710×1000　1/16　字数：200 千字
印张：16　定价：48.00 元

序

“没有信仰，则没有名副其实的品行和生命；没有信仰，则没有名副其实的国土。”

理想信念作为人们世界观、人生观和价值观在奋斗目标上的集中体现，表现出来的是人们对于现实或观念怀有深刻信任感的精神状态。作为政治立场，理想信念又体现为人们向往、追求的根本目标，是前进的航标和灯塔。

科学而崇高的理想信念，既是引领民族复兴的旗帜，又是增强国家凝聚力的源泉。共产党人的理想信念说到底，就是对马克思主义的信仰，对社会主义和共产主义的信念。党的十九大报告指出：“革命理想高于天。共产主义远大理想和中国特色社会主义共同理想，是中国共产党人的精神支柱和政治灵魂，也是保持党的团结统一的思想基础。”当前，一部分党员干部在精神世界出现了不同程度的思想迷茫，理想信念出现了动摇，个别党员丧失了对马克思主义的信仰，对党的忠诚意识有所减弱，而且逐渐弱化，甚至还有的党员认为共产主义是遥远未来的事，与自己无关，缺乏对建设中国特色社会主义的信心。习近平总书记指出：“没有理想信念，理想信念不坚定，精神上就会

‘缺钙’，就会得‘软骨病’。”[①]

理想信念的坚定来自政治上的清醒和理论上的成熟。只有建立在科学理性的认识基础上，理想信念才能牢固、稳定和持久。马克思主义是我们党的根本指导思想，是党和国家事业发展的科学指南，是指导我们认识世界、改造世界的强大思想武器。在一定意义上说，掌握马克思主义理论的深度和厚度，决定着政治敏感的程度、思维视野的广度、思想境界的高度。坚定理想信念，就必须把马克思主义作为政治信仰来树立、作为崇高理想来追求、作为思想武器来掌握，自觉用马克思主义的立场、观点和方法来认识问题、分析问题、解决问题，毫不动摇地巩固马克思主义在意识形态领域的指导地位，巩固全党全国各族人民团结奋斗的共同思想基础。

我们党从成立之日起，就坚持以马克思主义为指导，运用马克思主义的立场、观点、方法探索和解决革命、建设和改革实践中的重大问题，推动党的事业不断向前发展。由此，学习马克思主义理论成为我们做好一切工作的看家本领。学习和研读经典著作不仅有助于加强对马克思主义的理解，也有助于把握复杂的历史和现实问题。要深入学习理解马克思主义，努力掌握马克思主义理论的精髓要义，进一步巩固马克思主义的指导地位，继续发展21世纪的马克思主义。

理想指引人生方向，信念决定事业成败。纵观历史、放眼世界，一个政党是否具有科学的信仰和坚定的信念，能否始终坚持这种理想和信念，决定了这个政党能否在政治舞台上、在历史长河中破浪前行。

---

① 习近平:《紧紧围绕坚持和发展中国特色社会主义学习宣传贯彻党的十八大精神》(2012年11月17日)，载《人民日报》2012年11月19日。

在历史岁月中，我们党经受一次次挫折而又一次次奋起，秘诀就是因为我们党有远大理想和崇高追求。在90多年辉煌历程中，一代又一代共产党人，为革命事业抛头颅洒热血，就是因为他们坚信共产主义。

千里之行，始于足下。习近平总书记在与中央党校第一期县委书记研修班学员座谈时强调：我们不能因为实现共产主义理想是一个漫长的过程，就认为那是虚无缥缈的海市蜃楼，就不去做一个忠诚的共产党员。我们现在坚持和发展中国特色社会主义，就是向着最高理想所进行的实实在在努力。要准确把握中国特色社会主义，就要坚定共产主义信念。有了坚定的理想信念，自然站位就高，眼界就宽，心胸就开阔，就能坚持正确的政治方向，就能在困难和逆境时不消沉不动摇，就能经受住各种风险和困难的考验，就能自觉抵制各种腐朽思想的侵蚀，永葆共产党员的本色。

远大理想是中国革命、建设、改革成功的根本保证，永远保持建党时中国共产党人的奋斗精神，不断坚定理想信念继续前进，是时代的呼声和要求。衡量是否具有远大理想不是听怎么说，而是有客观标准，习近平总书记强调："今天，衡量一名共产党员、一名领导干部是否具有共产主义远大理想，是有客观标准的，那就要看他能否坚持全心全意为人民服务的根本宗旨，能否吃苦在前、享受在后，能否勤奋工作、廉洁奉公，能否为理想而奋不顾身去拼搏、去奋斗、去献出自己的全部精力乃至生命。"①

---

①《习近平在新进中央委员会的委员、候补委员学习贯彻党的十八大精神研讨班开班式上发表重要讲话强调毫不动摇坚持和发展中国特色社会主义在实践中不断有所发现有所创造有所前进》，载《人民日报》2013年1月6日。

回望历史，习近平总书记把中国特色社会主义作为世界社会主义500年发展的六个时间段中的一个完整阶段，深刻指出：中国特色社会主义，是科学社会主义理论逻辑和中国社会发展历史逻辑的辩证统一，是根植于中国大地、反映中国人民意愿、适应中国和时代发展进步要求的科学社会主义[①]。中国特色社会主义在本质上是科学社会主义，而不是其他什么主义。历史没有终结，也不可能被终结。中国特色社会主义好不好，要看事实和中国人民的判断，而不是看那些戴着有色眼镜的人的狂言妄语。中国共产党人和中国人民完全有信心为人类对更好社会制度的探索提供中国方案。

改革开放谱写的壮丽篇章已经无可辩驳地说明，中国特色社会主义道路是实现社会主义现代化的必由之路，是创造人民美好生活的必由之路。中国特色社会主义理论体系是指导党和人民沿着中国特色社会主义道路实现中华民族伟大复兴的正确理论，是立于时代前沿、与时俱进的科学理论。中国特色社会主义制度是当代中国发展进步的根本制度保障，是具有鲜明中国特色、明显制度优势、强大自我完善能力的先进制度。在5000多年文明发展中孕育的中华优秀传统文化，在党和人民伟大斗争中孕育的革命文化和社会主义先进文化，则积淀着中华民族最深层的精神追求，代表着中华民族独特的精神标识。中国特色社会主义进入+，我们党一定要有新气象新作为。打铁必须自身硬。党要团结带领人民进行伟大斗争、推进伟大事业、实现伟大梦想，必须毫不动摇坚持和完善

① 《习近平在新进中央委员会的委员、候补委员学习贯彻党的十八大精神研讨班开班式上发表重要讲话强调毫不动摇坚持和发展中国特色社会主义在实践中不断有所发现有所创造有所前进》，载《人民日报》2013年1月6日。

党的领导，毫不动摇把党建设得更加坚强有力。

党的十八大以来，以习近平同志为核心的党中央毫不动摇坚持和发展中国特色社会主义，勇于实践、善于创新，不断深化对共产党执政规律、社会主义建设规律、人类社会发展规律的认识，形成了一系列治国理政新理念新思想新战略，为在新的历史条件下深化改革开放、加快推进社会主义现代化提供了科学理论指导和行动指南，开创了党和国家事业发展新局面。习近平总书记郑重宣示，我们这一代共产党人的任务，就是继续把坚持和发展中国特色社会主义这篇大文章写下去。而只有坚持马克思主义基本原理，继续发展21世纪的马克思主义和当代中国的马克思主义，不断推进马克思主义时代化、中国化、大众化，才能指导中国特色社会主义不断推向前进。

马克思主义能够在中国取得胜利，关键是我们党“有的放矢”，紧密结合中国实际加以创造性运用。任何科学理论，都必须随着时代的变化而发展。必须使共产主义以中国化理论成果的新面貌诸如“四个全面”战略布局、新发展理念、社会主义核心价值观、“一带一路”倡议等，真正成为一种“消灭现存状况的现实的运动”。即是说，党同广大人民群众对共产主义理想的追求，首先向着“两个一百年”奋斗目标和中国梦前进，进而奔向共产主义这个最高目标。当今世界，要说哪个政党、哪个国家、哪个民族能够自信的话，那中国共产党、中华人民共和国、中华民族是最有理由自信的。这种自信源于自身实力的不断提高，源自于自身优势的不断彰显，是当代中华民族立足于世界的深厚实力和优势。

“浩渺行无极，扬帆但信风。”当今世界和当代中国的发展，已经展示出了共产主义的美丽晨曦。走在中国特色社会主义的人间正道上，中华民族伟大复兴的光明前景已然在望。正如习近平总书记指出的，“站立在九百六十多万平方公里的广袤土地上，吸吮着五千多年中华民族漫长奋斗积累的文化养分，拥有十三亿多中国人民聚合的磅礴之力，我们走中国特色社会主义道路，具有无比广阔的时代舞台，具有无比深厚的历史底蕴，具有无比强大的前进定力。”。

我们的目的一定要达到，我们的目的一定能够达到！

CONTENTS

目　录

第三章 >>>
把学习掌握马克思主义理论作为看家本领

第四章 >>>
坚定共产主义理想不动摇

第五章 >>>
衡量是否具有远大理想有客观标准

第六章 >>>

坚定中国特色社会主义共同理想

第七章 >>>

坚定中国特色社会主义“四个自信”

第八章 >>>

不忘初心，方得始终

第一章
理想信念是共产党人的精神支柱和政治灵魂

科学而崇高的理想信念，既是引领民族复兴的旗帜，又是增强国家凝聚力的源泉。党的十九大报告指出：“用新时代中国特色社会主义思想武装全党。思想建设是党的基础性建设。革命理想高于天。共产主义远大理想和中国特色社会主义共同理想，是中国共产党人的精神支柱和政治灵魂，也是保持党的团结统一的思想基础。要把坚定理想信念作为党的思想建设的首要任务。”新时代坚持和发展中国特色社会主义的基本方略的第十三个方面“坚定不移全面从严治党，不断提高党的执政能力和领导水平”，讲的就是关于党内政治生活的八个问题以及解决这些问题的办法和给出的答案。在这些问题中，中国共产党一直把“坚定理想信念”置于最为重要的位置。

第一节　共产党人的理想信念就是对马克思主义的信仰、对社会主义和共产主义的信念

中国共产党人的理想信念也就是共产党的本质规定，是由《党章》

所确立的。《党章》对于党的最终奋斗目标规定为：“党的最高理想和最终目标是实现共产主义。”《党章》对于共产党员的本质规定是：“中国共产党党员是中国工人阶级的有共产主义觉悟的先锋战士。”共产党之所以叫共产党，就是因为是以马克思主义为指导思想、以实现共产主义为最终奋斗目标的党。共产党员的先进性纯洁性说到底，就是必须具有马克思主义信仰，必须具有共产主义世界观，必须坚持共产主义最高理想，必须自觉为实现共产主义奋斗终身。

一、中国共产党人理想信念中第一位的是对马克思主义的信仰

党的十九大报告指出：“人民有信仰，国家有力量，民族有希望。”坚定的理想信念是中国共产党人的精神支柱和政治灵魂，若是失去了理想信念也就失去了灵魂，就会迷失方向。“坚定理想信念，坚守共产党人精神追求，始终是共产党人安身立命的根本。对马克思主义的信仰，对社会主义和共产主义的信念，是共产党人的政治灵魂，是共产党人经受住任何考验的精神支柱”。[①]

理想信念的坚定来自政治上的清醒和理论上的成熟，建立在科学理性的认识基础上，理想信念才能牢固、稳定和持久。历史的经验和教训就充分地说明了这一点。苏联共产党的领导人失去了对马克思主义的信仰，不相信科学社会主义的生命力，任由反动势力否定党的历史、丑化党的领袖，结果葬送了近70年的苏维埃社会主义事业，也

① 习近平：《紧紧围绕坚持和发展中国特色社会主义学习宣传贯彻党的十八大精神》（2012年11月17日），载《人民日报》2012年11月19日。

断送了国际共产主义运动中最具影响力、有着70多年历史的俄国（苏联）共产党。反观我们，我们党靠着坚定的理想信念，取得了中国革命、建设和改革的一个又一个胜利。因此，坚定理想信念，就要求我们切实把马克思主义作为政治信仰来树立、作为崇高理想来追求、作为思想武器来掌握，自觉以马克思主义的立场、观点和方法来认识问题、分析问题、解决问题，毫不动摇、与时俱进地坚持和发展中国特色社会主义。

马克思主义是科学真理，是世界观、价值观、人生观，也是“总开关”。习近平总书记指出，中国共产党人的理想信念，建立在马克思主义科学理论的基础之上，建立在科学理论揭示的人类社会发展规律的基础之上，建立在为人民谋利益的崇高价值的基础之上。我们坚定，是因为我们追求的是真理，是因为我们遵循的是规律，是因为我们代表的是最广大人民群众的根本利益。习近平总书记指出：“95年来，中国共产党之所以能够完成近代以来各种政治力量不可能完成的艰巨任务，就在于始终把马克思主义这一科学理论作为自己的行动指南，并坚持在实践中不断丰富和发展马克思主义。这使我们党得以摆脱以往一切政治力量追求自身特殊利益的局限，以唯物辩证的科学精神、无私无畏的博大胸怀领导和推动中国革命、建设、改革，不断坚持真理、修正错误。无论是处于顺境还是逆境，我们党从未动摇对马克思主义的信仰。”[①]在我们国家，马克思主义是立党立国的根本指导思想。背离或放弃马克思主义，党就会没了灵魂、迷失方向。在

① 习近平：《在庆祝中国共产党成立95周年大会上的讲话》（2016年7月1日），载《人民日报》2016年7月2日。

坚持马克思主义指导地位这一根本问题上，我们在任何时候任何情况下都不能有丝毫动摇。

作为马克思主义政党，中国共产党只相信真理，服从真理，为真理而奋斗，为真理而献身。而问到什么是真理？那就是人们对于客观事物本质及其规律的正确认识。我们共产党人坚信马克思主义，始终坚持把马克思主义作为自己的指导思想，就是因为马克思主义是颠扑不破、放之四海的真理。马克思主义是严密的、完整的、科学的理论体系，由哲学、政治经济学和科学社会主义等部分组成。马克思主义哲学是马克思主义整个科学理论体系的灵魂、基础和根据，它深刻揭示了自然界、人类社会和思维的最一般规律，是科学的世界观。世界观和方法论是一致的，用什么样的观点看世界，就是世界观；把马克思主义世界观用于认识和改造世界，就是方法论。习近平总书记强调："辩证唯物主义是中国共产党人的世界观和方法论"[①]，"努力把马克思主义哲学作为自己的看家本领"[②]。这是对马克思主义哲学真理性的科学评价，也是我们对待马克思主义的根本态度。

马克思主义经典作家运用马克思主义哲学的立场、观点、方法分析客观世界形成了一系列基本原理，如劳动价值和剩余价值原理，社会形态及其演变规律原理，社会基本矛盾运动规律的原理，关于阶级、阶级斗争和国家的原理，关于无产阶级政党的原理，关于社会主义革命和无产阶级专政的原理，关于社会主义、共产主义必然代替资本主

① 《习近平在中共中央政治局第二十次集体学习时强调坚持运用辩证唯物主义世界观方法论提高解决我国改革发展基本问题本领》，载《人民日报》2015年1月25日。

② 《习近平在中共中央政治局第十一次集体学习时强调推动全党学习和掌握历史唯物主义更好认识规律更加能动地推进工作》，载《人民日报》2013年12月5日。

义的原理，关于社会主义本质特征和社会主义建设的原理，等等。这些基本原理有机统一，构成马克思主义的科学理论体系，成为指引我们前进的强大思想武器。

随着实践的不断发展，人们对于客观事物的认识也在不断发展。马克思主义是革命的、批判的、开放的、与时俱进的理论体系，随着实践的发展、时代的变迁、条件的变化，总是不断有所发现、有所前进、有所创新。马克思主义经典作家一再强调，正确的理论必须结合具体情况并根据现存条件加以阐明和发挥。恩格斯说过："我们的理论是发展着的理论，而不是必须背得烂熟并机械地加以重复的教条。"[①]列宁反对用教条主义的态度对待马克思主义。他认为，如果把马克思主义变成一种片面的、畸形的、僵死的东西，就抽掉了马克思主义的活的灵魂，就破坏了它的根本的理论基础——辩证法，即关于包罗万象和充满矛盾的历史发展的学说，就破坏了马克思主义同时代的一定实际任务，即可能随着每一次新的历史转变而改变的一定实际任务之间的联系。保守僵化与停滞不前，都与马克思主义的理论品格背道而驰。一部马克思主义的发展史，就是马克思主义创始人及其后继者，对已经改变的实践进行新的理论概括，又用理论创新成果指导发展了的实践的历史。因此，对待马克思主义，切忌把它在特定历史条件下做出的个别结论僵死化、凝固化，而应当根据不同历史条件，创造性地加以运用。例如，马克思、恩格斯曾预言社会主义革命会在欧美少数几个国家同时爆发、同时取得胜利，我们称之为"多国同时胜利论"。

① 《马克思恩格斯选集》第4卷，人民出版社1995年版，第588页。

按照这个论断，就无法解释列宁领导的十月社会主义革命。因此对待实践，就必须解放思想、实事求是、大胆创新。任何理论的产生发展，都处于具体的历史条件之中。不能因为个别结论过时了，就认为马克思主义已经过时，更不能因此否定马克思主义的真理性、科学性。马克思主义诞生以来的历史雄辩地证明了马克思主义的真理性。

没有先进理论，无法成就事业。毛泽东同志指出："代表先进阶级的正确思想，一旦被群众掌握，就会变成改造社会、改造世界的物质力量。"[①] 毛泽东同志还留给我们一句至理名言，即"领导我们事业的核心力量是中国共产党，指导我们思想的理论基础是马克思列宁主义"，这也是中国共产党最宝贵的历史经验。马克思主义理论的真理性，突出体现在它为我们认识世界、改造世界提供了最透彻、最全面、最科学的理论指南，是我们在社会实践过程中认识世界、改造世界的最锐利的思想武器。中国共产党人最注重马克思主义的指导作用，最注重结合实际，最注重科学运用马克思主义的立场、观点和方法，靠马克思主义建党、立党、兴党，靠马克思主义建国、立国、兴国，靠马克思主义挽救中华民族于危亡之际，靠马克思主义取得革命、建设、改革的伟大成就。历史启迪我们，不断推动马克思主义中国化时代化大众化，是我们从胜利走向胜利的根本思想保证，是我们党必须永志不忘的宝贵经验。

---

① 《毛泽东文集》第 8 卷，人民出版社 1999 年版，第 320 页。

二、中国共产党人的理想信念是共产主义远大理想和中国特色社会主义共同理想的统一

马克思、恩格斯在《共产党宣言》中首次明确论述了共产党人是基本纲领和最高纲领的统一论者。他们指出，共产党人的最近目的是“使无产阶级形成为阶级，推翻资产阶级的统治，由无产阶级夺取政权”。共产党人的最高目标是实现共产主义，即“代替那存在着阶级和阶级对立的资产阶级旧社会的，将是这样一个联合体，在那里，每个人的自由发展是一切人的自由发展的条件”[①]。早在民主革命时期，毛泽东同志就将这一思想运用于中国革命，在论述由中国共产党领导的新民主主义革命所要建立的新社会制度时指出：“共产党是有现在的纲领和将来的纲领，或最低纲领和最高纲领两部分的。在现在，新民主主义，在将来，社会主义，这是有机构成的两部分，而为整个共产主义思想体系所指导。”[②]

党的十八大以来，习近平总书记多次指出，中国特色社会主义是党的最高纲领和基本纲领的统一。也就是说，中国共产党人的理想信念是共产主义远大理想和中国特色社会主义共同理想的统一。相比较而言，共产主义远大理想与中国特色社会主义共同理想，是最高理想和当前理想的关系。最高理想需要当前理想不断实现才能变成现实，而当前理想要以最高理想为指引才能不失去方向。习近平总书记指

① 《马克思恩格斯选集》第1卷，人民出版社1995年版，第294页。
② 《毛泽东选集》第2卷，人民出版社1991年版，第686页。

出，共产党员特别是党员领导干部要做共产主义远大理想和中国特色社会主义共同理想的坚定信仰者和忠实践行者。我们既要坚定走中国特色社会主义道路的信念，也要胸怀共产主义的崇高理想，矢志不移地贯彻执行党在社会主义初级阶段的基本路线和基本纲领，做好当前每一项工作。革命理想高于天。没有远大理想，不是合格的共产党员；离开现实工作而空谈远大理想，也不是合格的共产党员。[①]中国特色社会主义共同理想是共产主义最高理想在社会主义初级阶段的具体体现，中国特色社会主义是党的最高纲领和基本纲领的统一，而实现共同理想和实现最高理想本质上是一致的。

习近平总书记还严厉批评了在对待共产主义崇高理想上的“一蹴而就论”和“虚无缥缈论”。他深刻指出：“共产主义决不是‘土豆烧牛肉’那么简单，不可能唾手可得、一蹴而就，但我们不能因为实现共产主义理想是一个漫长的过程，就认为那是虚无缥缈的海市蜃楼，就不去做一个忠诚的共产党员。革命理想高于天。实现共产主义是我们共产党人的最高理想，而这个最高理想是需要一代又一代人接力奋斗的。如果大家都觉得这是看不见摸不着的东西，没有必要为之奋斗和牺牲，那共产主义就真的永远实现不了了。我们现在坚持和发展中国特色社会主义，就是向着最高理想所进行的实实在在努力。”因此，一切迷惘迟疑的观点，一切及时行乐的思想，一切贪图私利的行为，一切无所作为的作风，都是与此格格不入的。每一个共产党员特别是

①《习近平在新进中央委员会的委员、候补委员学习贯彻党的十八大精神研讨班开班式上发表重要讲话强调毫不动摇坚持和发展中国特色社会主义在实践中不断有所发现有所创造有所前进》，载《人民日报》2013年1月6日。

党的领导干部都要做最高纲领和基本纲领的统一论者，始终坚定共产主义理想信念，为实现“两个一百年”的奋斗目标和中华民族伟大复兴的中国梦，做出应有的贡献。

三、坚定的理想信念是共产党人的鲜明标志

坚定的理想信念、不懈的精神追求始终是共产党人的标志，也从来都是共产党人的强大优势。对马克思主义、共产主义的信仰，对社会主义的信念，是共产党人的根本和政治灵魂，是我们党经受任何考验、不断攻坚克难、始终奋力前进的精神支柱。邓小平同志说过：“对马克思主义的信仰，是中国革命胜利的一种精神动力。”[①]马克思主义揭示了社会主义和共产主义取代资本主义的不可抗拒的历史趋势，这是我们共产党人为实现伟大理想而不畏流血牺牲、英勇奋斗的思想动力。只要坚信马克思主义、共产主义，我们就会不忘远大理想，坚定革命信仰，牢记全心全意为人民服务的宗旨，无论遇到什么艰难险阻，都不会丧失信念；就会始终保持革命英雄主义气概，无论遇到多大困难，都不会退缩不前；就会始终保持革命乐观主义精神，无论遇到什么挫折，都不会惊慌失措。现实生活中，一些党员、干部出现这样那样的问题，遇到风雨就东摇西摆，说到底是信仰缺失、精神迷茫，就是因为丧失了共产党人的理想信念。

中国共产党人根据马克思列宁主义的基本原理，把中国革命、建

① 《邓小平文选》第3卷，人民出版社1993年版，第63页。

设、改革实践中的一系列独创性经验进行理论概括，产生了马克思主义中国化的两次历史性飞跃，形成了两大理论成果。党的十八大以来，习近平总书记从坚持和发展中国特色社会主义全局出发，发表了一系列重要讲话，提出了一系列新思想、新观点、新论断，进一步丰富和发展了中国特色社会主义理论体系，开辟了我们党治国理政的新境界。

在新的历史起点上，实现“两个一百年”奋斗目标和中华民族伟大复兴的中国梦，面临着十分严峻的形势和异常艰巨的任务，呼唤着21世纪中国马克思主义的大发展。在新的历史条件下，必须强化问题导向，回应时代关切，把研究阐释当代中国马克思主义作为主攻方向，一定要有发展的观点，一定要着眼于新的实践和新的发展；必须深入研究阐释习近平总书记系列重要讲话的丰富内涵，深入研究阐释讲话蕴含的新思想新观点新论断；必须围绕落实党治国理政的重大战略部署来确定研究重点，深入回答事关全局的实践课题，正确解析热点难点问题；必须紧紧围绕坚持和发展中国特色社会主义这个主题，回答中国特色社会主义的一系列重大理论与实际问题，引导干部群众坚定道路自信、理论自信、制度自信、文化自信；必须着力构建中国特色哲学社会科学体系和学术话语体系，坚持用中国理论阐释中国实践，形成中国方案，立足中国实践升华中国理论。总之，坚持和发展马克思主义，更好推动马克思主义中国化时代化大众化，永远在路上，只有进行时，没有完成时。

科学理论武装越彻底，理想信念就越坚定，思想就越敏锐，行动就越自觉。习近平总书记指出：“只有学懂了马克思列宁主义、毛泽东思想、邓小平理论、‘三个代表’重要思想、科学发展观，特别是领会了贯穿其中的马克思主义立场、观点、方法，才能心明眼亮，才能深刻认识和准确把握共产党执政规律、社会主义建设规律、人类社会发展规律，才能始终坚定理想信念，才能在纷繁复杂的形势下坚持科学指导思想和正确前进方向，才能带领人民走对路，才能把中国特色社会主义不断推向前进。”坚持对马克思主义的信仰，既是共产党人的崇高追求和强大精神支柱，又是共产党人的政治灵魂，也是共产党人的政治本色。坚定理想信念，要求牢固树立马克思主义的科学信仰，学会运用马克思主义立场、观点、方法观察和解决问题，自觉用当代中国马克思主义来武装头脑、指导实践、推动工作、应对挑战。

总之，中国共产党从诞生之日起就把马克思主义写在自己的旗帜上，把实现共产主义确立为为之奋斗牺牲的最高理想。我们的理想信念不是空的，也不是虚幻的，而是建立在对科学理论的理性认同上，建立在对历史规律的正确认识上，建立在对基本国情的准确把握上。

第二节 理想信念是共产党人精神上的“钙”

科学而崇高的理想信念，是照耀我们前行的灯塔。任何一个民族、国家和政党的发展壮大，莫不与其具有坚定的理想信念有关。习近平总书记指出：“坚定理想信念，坚守共产党人精神追求，始终是共产党人安身立命的根本。对马克思主义的信仰，对社会主义和共产主义的信念，是共产党人的政治灵魂，是共产党人经受住任何考验的精神支柱。形象地说，理想信念就是共产党人精神上的‘钙’，没有理想信念，理想信念不坚定，精神上就会‘缺钙’，就会得‘软骨病’。现实生活中，一些党员、干部出这样那样的问题，说到底是信仰迷茫、精神迷失。”[①] 坚定理想信念是共产党人的永恒课题，需要咬定青山不放松，乱云飞渡仍从容，真正做到坚定不移、矢志不渝。

一、把准共产党人的命脉和灵魂

崇高的理想、坚定的信念，是推动党和人民事业发展进步的强大精神力量。邓小平同志曾经指出，在艰苦的战争年代，共产党人之所以不怕流血牺牲、不惧千险万难，“就是因为我们有理想，有马克思主义信念，有共产主义信念”。正是因为具有坚定的理想信念，李大钊站在绞刑架下慨然宣告：“不能因为你们绞死了我，就绞死了共产主义”；方志敏在死囚牢里写下绝笔诤言：“敌人只能砍下我们的头颅，决不能动摇我们的信仰！”我们党 90 多年的奋斗历史充分证明，坚定的理想信念是共产党人能够经受住任何考验的强大精神支柱，是我们党能够取得一个又一个胜利的内在精神基因。

坚定理想信念是共产党人引领中华民族伟大复兴中国梦的动力源泉。坚定理想信念，既要始终胸怀远大理想，又要脚踏实地为现阶段的基本纲领而不懈努力。习近平总书记指出，实现中华民族伟大复兴是中华民族近代以来最伟大的梦想。而伟大的梦想要变为现实，需要有伟大的精神作支撑。实现中国梦，要求我们不仅在物质上强大起来，

① 习近平：《紧紧围绕坚持和发展中国特色社会主义学习宣传贯彻党的十八大精神》（2012 年 11 月 17 日），载《人民日报》2012 年 11 月 19 日。

而且要在精神上强大起来。广大党员干部要把坚定理想信念同坚持和发展中国特色社会主义紧密联系起来，落实到实现中华民族伟大复兴的中国梦上来，不断增强道路自信、理论自信、制度自信、文化自信，敢于有梦、勇于追梦、勤于圆梦，汇聚起实现中国梦的强大力量。要以永不懈怠的精神状态和一往无前的奋斗姿态，继续朝着实现中华民族伟大复兴的宏伟目标奋勇前进。

坚定理想信念是保持和发扬党的优良作风的根本前提。对于保持和发扬党的优良作风来说，坚定理想信念是根本，是我们共产党人最重要的党性修养。理想信念是本，作风是形，本正而形聚，本不正则形散。我们党以马克思主义为立党之本，以实现共产主义为最高理想，以全心全意为人民服务为根本宗旨，这就是我们的本。我们 8900 多万党员要团结一心、风雨不动，首先要把这个本立好。当前一些党员干部身上或多或少地存在着“四风”问题，原因很多，关键的一条是理想信念发生动摇了，世界观、人生观、价值观出现了偏差。因此，加强党的作风建设，保持和发扬党的优良作风，就必须从“本”上突出抓好坚定理想信念，切实解决好世界观、人生观、价值观这个“总开关”问题。

坚定理想信念是保持共产党人品格和本色的有效途径。面对新的历史条件和新的起点，面对人民的信任和重托，当代中国共产党人只有始终保持政治品格和政治本色，才能赢得人民群众的衷心拥护和真心支持，才能使我们党在时代大潮中立于不败之地。对党忠诚是共产党人的政治品格，但忠诚不是自然而然产生的。党员对党忠诚，不仅要有对党的朴素感情，更要有对马克思主义的坚定信仰和对中国特色社会主义的坚定信念，也就是要坚定理想信念。这就要求广大党员干部在切实通过理论学习增进对马克思主义、对中国特色社会主义的认同，在深入了解党的历史、增强对党的信赖中，不断坚定理想信念，进而做到对党忠诚。清正廉洁是共产党人的政治本色。在新的历史条件下，我们党面临“四大考验”和“四种危险”，党员干部也面临许许多多的诱惑。在这种情况下，一个党员干部保持政治本色、坚持廉洁自律，最大的问题是怎样战胜自己，最大的困难是如何抵制诱惑。要战胜自己、抵制诱惑，离不开加强党性修养和道德修养，必须坚定理想信念。我们古人推崇修身齐家治国平天下，并把修身排在第一位。我们共产党人更应一以贯之地加强党性修养和道德修养，坚定理想信念，这样才能筑牢思想防线。

二、守住共产党人安身立命的根本

共产党人以解放全人类为己任，坚定理想信念是其本质使然。习近平总书记反复强调坚定理想信念、坚守共产党人精神追求始终是共产党人安身立命的根本，他还指出，有了坚定的理想信念，站位就高了，眼界就宽了，心胸就开阔了，就能坚持正确的政治方向，在胜利和顺境时不骄傲不急躁，在困难和逆境时不消沉不动摇，经受住各种风险和困难考验，自觉抵御各种腐朽思想的侵蚀，永葆共产党人政治本色。

马克思主义是共产党人的老祖宗，《共产党宣言》是马克思主义的“圣经”，它给共产党人提供了行动纲领。《共产党宣言》论述了无产阶级政党的性质、使命和自身要求，特别是强调了无产阶级只有解放全人类才能最终实现本阶级解放的重要思想。共产党是近代工业社会劳资对立的产物，它一诞生就向世人宣告：党没有自己的私利，它的利益是无产阶级的利益，是广大人民的利益。如果党有了自己的私利，它就无异于其他政党，它的任何奋斗都将失去意义。共产党是无产阶级、广大人民和整个民族利益的忠实代表。因此，共产党人要坚定理想信念，就要搞清楚、弄明白人类是从哪里来的、要到哪里去，历史是怎么走过来的、要走向哪里去，这些问题都是大本大原的问题。只有这些问题搞清楚了、解决好了，我们的党员干部才能坚持党的最高纲领和远大理想不动摇，带领群众为实现现阶段的基本纲领而努力，立足本职做好工作。

在我们党 90 多年的历史中，无数共产党人不惜流血牺牲，靠的就是坚定的理想信念。尽管他们知道，自己追求的理想并不一定能够在自己手中实现，但他们坚信，一代又一代人为之持续努力，一代又一代人为此做出牺牲，心中的理想就一定能实现。抗日英雄杨靖宇在冰天雪地的山林里与日寇激战数日，在只剩下一个人的情况下，仍然毫不畏惧，顽强抗击，最后壮烈殉国。当敌人剖开他的腹部，看到胃肠里只有未能消化的枯草、树皮和棉絮时，深为震惊。毛泽东同志为革命牺牲 6 位亲人，徐海东同志的家族里为革命牺牲 70 多人，贺龙同志的宗亲中仅有名有姓的烈士就达 2050 人。在革命战争年代，革命先烈在生死考验面前何以视死如归，就是因为他们有坚定的理想信念。在和平建设时期和改革开放新时期，涌现出雷锋、王进喜、焦裕禄、钱学森、谷文昌、孔繁森、杨善洲、沈浩等一大批先进模范人物，他们何以能够助人为乐、无私奉献，攻坚克难、勇挑重担，在平凡的岗位上做出不平凡的业绩，为党和人民的事业做出巨大贡献，同样也是因为他们有坚定的理想信念。

如果从反面典型和实例看，正像习近平总书记所指出的那样，“理想信念动摇是最危险的动摇，理想信念滑坡是最危险的滑坡。一个政党的衰落，往往从理想信念的丧失或缺失开始。”[①]革命战争年代，有的党员没有经受住“生与死”“血与火”的考验，叛党投敌，失去了气节，当了怕死鬼。和平建设时期和改革开放新时期，也有一些党员干部没有经受住执政、改革开放、市场经济、外部环境的考验，变成腐败分子，走到党和人民的对立面。究其原因，也是他们忘了根、忘了本，忘记了初衷，动摇了理想信念。当前，从我们党的干部队伍状况看，大多数干部理想信念坚定，政治上忠诚可靠。同时，在我们的干部队伍中，也有的对共产主义心存怀疑，认为共产主义是虚无缥缈、难以企及的幻想；有的不信马列信鬼神，在封建迷信中寻找精神慰藉，热衷于算命看相、烧香拜佛，遇事“问计于神”；有的是非观念不强、原则性丧失、正义感退化，稀里糊涂当官，浑浑噩噩过日子；有的甚至向往西方国家的社会制度和价值观念，对社会主义前途命运丧失信心；有的在涉及党的领导和中国特色社会主义道路等原则性问题上，对政治挑衅的言行态度暧昧、消极躲避、不敢亮剑，甚至故意模糊立场、耍滑头，等等。这些现象和问题，都需要引起我们党的高度警醒和注意。

坚定理想信念既是原则，也很具体。从具体内容上讲，按照《党章》

① 习近平：《在庆祝中国共产党成立95周年大会上的讲话》（2016年7月1日），载《人民日报》2016年7月2日。

对党员所尽义务的要求做到了、做好了，就是合格党员，就是理想信念坚定的表现。共产主义理想是伟大的，但要经过相当长的历史时期才能实现。社会主义是崇高的，为社会主义奋斗是值得的，这同时也是为共产主义奋斗。习近平总书记强调，没有远大理想，不是合格的共产党员；离开现实工作而空谈远大理想，也不是合格的共产党员。也就是说，合格的共产党员应该既胸怀远大理想，又埋头于现实工作。我们每一名共产党员都应该按照这样的标准来要求自己，在工作和生活中不断实践，不断自我检视、自我锤炼。

三、不断培植共产党人精神家园

坚定的理想信念不是先天就有的，不是随意就可以得到的，也不会自发地产生。怎样坚定共产党人的理想信念？途径有两个：一个是学习，一个是实践；依靠力量有两种：一种是真理的力量，一种是人格和道德的力量。我们党有重视学习的优良传统，有勇于实践的优良作风；有马克思主义和马克思主义中国化的成果赋予我们的真理的力量；有我们党的领袖、老一辈革命家和党内涌现出的众多先进人物、模范人物、英雄人物展示和提供给我们的人格和道德的力量。我们要坚定理想信念，就要刻苦学习理论，就要努力以先进典型为榜样，从中汲取智慧和力量。

习近平总书记强调："要炼就'金刚不坏之身'，必须用科学理论武装头脑，不断培植我们的精神家园。"党的领导干部特别是高级干部，要把系统掌握马克思主义基本理论作为看家本领。马克思视无产阶级为人类解放的心脏，视哲学为人类解放的头脑。马克思主义哲学把无产阶级当作自己的物质武器，无产阶级把马克思主义哲学当作自己的精神武器。理论一经群众掌握，也会变成物质力量。马克思主义和马克思主义中国化的成果是我们认识世界、改造世界的强大思想武器。广大党员干部要老老实实、原原本本地学，学习马克思列宁主义、毛泽东思想、邓小平理论、“三个代表”重要思想和科学发展观，学习习近平总书记系列重要讲话和治国理政新理念新思想新战略。学习中要坚持问题导向，理论联系实际，既联系国际国内的实际，又联系本地区本部门本单位的实际，联系个人的思想和工作实际。通过坚持不懈、持之以恒的学习，做到能够运用马克思主义的立场观点方法观察问题、分析问题、解决问题，不断筑牢理想信念，做到虔诚而执着、至信而深厚。

理想信念是共产党人精神上的“钙”，是党的事业兴旺发达的“根”。在当今国内外各种思想文化和社会思潮交流、交融、交锋日益频繁、激烈的背景下，只有依靠坚定的理想信念，才能使党员干部站稳政治立场、抵御各种诱惑。

要高度重视对党员干部特别是中高级领导干部和思想理论工作者的理论教育。党的十九大报告指出：“要加强理论武装，推动新时代中国特色社会主义思想深入人心。”习近平总书记强调：“有的干部自己认为最缺的是新知识，但事实上他最缺的是理想信念、党性修养等。现在在干部特别是年轻干部中，相当一部分人最需要解决好的是理想信念问题，最缺乏的是马克思主义基础理论教育和道德品行教育。各级组织部门和各个干部教育培训机构要准确把握干部队伍现状，更有针对性地开展干部教育培训工作。”这一论述指明了加强党员干部理想信念教育的最基本途径，明确了要有针对性和实效性地加强党员干部的政治理论教育。教育者要首先受教育。一个政治理论功底不强，对马克思主义半信半疑的人，肯定不能开展有效的政治理论教育。而在党校思想政治理论教育队伍和各级党组织学习组织者中，甚至在一些专业干部教育机构中，对马克思主义理论掌握得不深不透，态度上心口不一的大有人在。因此，要重视对政治理论教育者和政治理论骨干的培训，使他们具有坚定的理想信念、过硬的理论素养，并对公众关心的社会热点、难点、疑点问题能做出令人信服的回答，充分发挥好他们作为“播种机”的作用。

要重视对党员干部行为规范的有效训练。共产党人在战争年代参加革命，冒着掉脑袋的危险，这是理想信念的作用。现在是和平时期，中国共产党成了执政党，入党者的动机很容易有利益成分在里面。这就需要我们去研究如何将党组织真正打造成一个大熔炉，只要成为党组织的一员，就要通过明确而严格的行为规范，对其思想进行有效改造和升华，树立起坚定的共产主义理想信念。理想信念教育需要具体仪式和规范来承载和表达。如举行升党旗、宣誓仪式，以此举强化党员意识和理想信念。还可以在全党提倡党员佩戴党徽活动，通过胸前的党徽，时常警醒要严格要求自己，不断坚定理想信念。也可以设立党员政治生日制度，在党员入党纪念日，由党组织为党员集体过政治生日。通过重温入党誓词、开展谈心交流、进行党性分析、提合理化建议、普通党员讲党课、做一件有意义的事等形式丰富政治生日的内涵，强化党员意识和责任。

要营造有利于坚定理想信念和充满正能量的环境。环境改造人，环境影响人。不同的环境对一个人甚至一个民族的影响是迥然不同的。日本的每一个町疃（社区）都有一个纪念他们的所谓英雄、武士的地方，他们的孩子从小耳濡目染，在这个环境里面长大，自然而然地被灌输了武士道精神、军国主义思想。1930 年黄炎培到日本去，他发现日本的童子团都拿着木头做的假枪来练习刺杀，目标就是中国人。他回来对蒋介石说，中日马上就要发生战争了，蒋介石不以为然，但 1931 年 9 月 18 日日本就发动了侵华战争。在英国许多地标性建筑上，刻的都是英雄人物的历史事迹和英雄人物的浮雕。这种用文字和浮雕的形式展现民族精神的做法，目的是教育激励后人。抛开其内容不谈，这些形式都可以为我们所借鉴。比如，党校（行政学校）可以在校园文化建设中设立一些英雄人物的雕塑、介绍英雄人物的文字，作为理想信念教育的教材。在城市公园，雕刻一些英雄人物的雕塑和文字介绍等。

第三节　立根固本，增强免疫力和抵抗力

一个人没有脊梁，就站立不起来；没有信仰信念，精神世界就会崩塌。对马克思主义的信仰，对共产主义和社会主义的信念，对党和人民的忠诚，是我们共产党人的立身之本。只有在立根固本上下足了功夫，坚定信仰、信念和忠诚，党员干部才会有强大的免疫力和抵抗力。党的十九大报告指出：“新时代党的建设总要求是：坚持和加强党的

全面领导，坚持党要管党、全面从严治党，以加强党的长期执政能力建设、先进性和纯洁性建设为主线，以党的政治建设为统领，以坚定理想信念宗旨为根基，以调动全党积极性、主动性、创造性为着力点，全面推进党的政治建设、思想建设、组织建设、作风建设、纪律建设，把制度建设贯穿其中，深入推进反腐败斗争，不断提高党的建设质量，把党建设成为始终走在时代前列、人民衷心拥护、勇于自我革命、经得起各种风浪考验、朝气蓬勃的马克思主义执政党。”

一、坚持高标准和守底线相结合

坚持高标准与守底线相结合，这是做人做事的辩证法，也是立根固本的必然要求。在全面从严治党过程中，把高标准和守底线结合起来，也就是把加强理想信念教育与严肃党的纪律和规矩结合起来，增强党员干部的免疫力和抵抗力。

习近平总书记指出:“坚持高标准和守底线相结合。全面从严治党，既要注重规范惩戒、严明纪律底线，更要引导人向善向上，发挥理想信念和道德情操引领作用。”[①] 首先，要注重发挥理想信念的先导作用。古人云：“善除害者察其本，善理疾者绝其源。”在标本兼治中，“本”指的是党员干部的理想信念、道德情操和文化素养。治本，就是要返璞归真、固本培元，教育引导党员、干部坚定理想信念，正心修身、涵养文化，筑牢拒腐防变思想道德防线。习近平总书记认为：“对共

① 习近平:《在第十八届中央纪律检查委员会第六次全体会议上的讲话》(2016年1月12日)，载《人民日报》2016年5月3日。

产党人来讲，动摇了信仰，背离了党性，丢掉了宗旨，就可能在‘围猎’中被人捕获。只有在立根固本上下功夫，才能防止歪风邪气近身附体。”[①] 其次，要把依规治党与以德治党结合起来。在谈到2015年颁布的《中国共产党廉洁自律准则》和《中国共产党纪律处分条例》时，习近平总书记讲道：“全面从严治党，必然要求依规治党与以德治党紧密结合。道德使人向善，是纪律的必要前提和基础；纪律用来惩恶，是道德的坚强后盾和保障。新修订的准则，扣紧‘廉洁自律’这个主题，坚持正面倡导、重在立德，重申党的理想信念宗旨、优良传统作风，这是党员和党员领导干部能够看得见、摸得着、够得到的一个标准，要树这么一个标准，这是高标准，展现了共产党人高尚的道德追求；而新修订的条例，围绕着党纪戒尺要求，开列‘负面清单’、重在立规，画出了我们党组织和党员不可触碰的底线，这都是很清晰的。”这就透彻地说明了二者之间的辩证关系，所以，既要强调思想建党和制度治党相结合，又要强调依规治党与以德治党相结合。《中国共产党廉洁自律准则》是道德高标准，《中国共产党纪律处分条例》是底线，这两个党内法规体现出了坚持高标准和守底线相结合。

坚持高标准，就要强化政治意识、大局意识、核心意识、看齐意识的“四个意识”，向以习近平同志为核心的党中央看齐，向党的理论和路线方针政策看齐，向党章党规的基准看齐。在这方面，党的领袖、老一辈革命家、先进典型、模范人物和革命英雄是我们学习的榜样，要学习他们的崇高精神和道德风范，真比、实看、细照、笃行。

---

① 习近平:《在第十八届中央纪律检查委员会第六次全体会议上的讲话》(2016年1月12日)，载《人民日报》2016年5月3日。

我们党是高度集中统一的马克思主义政党，能够做到思想上的统一、政治上的团结、行动上的一致，这是党的事业不断发展壮大的根本所在。而统一、团结、一致有一个基准，这个基准就是党中央及党中央提出的理论和路线方针政策。我们党成立90多年来，历经革命、建设和改革的各个历史时期，之所以能够始终保持强大的凝聚力和战斗力，始终充满生机和活力，始终能够从胜利走向新的胜利，其中一个重要的原因，就是始终强调看齐、常常喊看齐。同时，既要学习先进，又要对照反面典型提供的反面教材，不断自我警觉、警醒、警示、警策，加强道德修养，培养健康生活情趣，增强自我免疫力和抵抗力，不断提升思想境界，努力做一个有理想信念并且理想信念坚定的人。

坚持高标准，就要深入学习和贯彻落实以习近平同志为核心的党中央治国理政新理念新思想新战略。治国理政新理念新思想新战略涉及改革发展稳定、内政外交国防、治党治国治军等各个方面，统揽党和国家事业全局，具有鲜明主题、宏伟目标、战略布局和政治保证，构成了一个系统科学的理论体系，是马克思主义中国化的最新理论成果，是进行具有许多新的历史特点的伟大斗争的科学指南。只有学深悟透，才能高度自觉地在思想上政治上行动上始终与以习近平同志为核心的党中央保持高度一致。要认真学习和贯彻落实党的十八届六中全会精神，严肃党内政治生活，净化党内政治生态，增强党内政治生活的政治性、时代性、原则性、战斗性，全面从严治党。习近平总书记指出，要以党的纪律为尺子，使党员、干部知敬畏、存戒惧、守底线。而在纪律的尺子里，政治纪律和政治规矩是党最根本、最重要的纪律，是遵守其他一切党的纪律的基础。为此，党员干部必须牢记政治责任、维护政治核心，必须严明政治纪律、恪守政治规矩，必须坚守政治信仰、站稳政治立场，必须把准政治方向，坚决维护权威。要通过学习，不断提高马克思主义理论水平，在内心深处始终保持共产党人对远大理想和共同理想的清醒认知和执着追求，并自觉提升党性修养、思想境界和道德水平，用理想之光照亮奋斗之路，用信仰之力开创美好未来。

二、牢固树立正确的党性立场

党性是政党固有的本性和特性，是政党阶级性最高和最集中的体现，也是党的性质、宗旨、目标、作风等各方面要素的综合反映。对于我们党来说，党性修养是全体党员的立身之本，是共产党员的本质属性的内化，也是共产党员自律和自勉的统一。不断增强党性修养，就要把党性要求内化于心、外化于行，时时校验、不断锤炼。具体地讲，就是要彻底地改造自己的主观世界，使自己的政治立场、思想观点、理想信念、道德情操、精神境界和言论行动等更加符合自己乐于献身的党和人民群众的伟大事业的客观需要。正如习近平总书记所言：共产党员要"自觉加强党性修养，增强党的意识、宗旨意识、执政意识、大局意识、责任意识，切实做到为党分忧、为国尽责、为民奉献"。

在现阶段，始终坚守"永不脱离党性"这条共产党人的底线，树立正确的党性立场，增强党性修养，就是要求每一名党员都要明确政治方向、站稳政治立场、严守政治纪律，经常而自觉地加强党性锻炼，努力做到理论上清醒、政治上清明、作风上清正，从根子上解决好世界观、人生观、价值观这个“总开关”问题，牢固树立正确的权力观、地位观、利益观，自觉抵制错误思想和腐朽思想的侵蚀，永葆共产党员的政治本色，做到信念坚固、意志笃定、方向清晰，不断提高领导能力和执政能力。

牢固树立正确的党性立场，就要把忠诚跟党走的信念入脑入心、外化于行。共产党人不论在社会上承担什么角色，第一身份永远是党员，要永远姓党、信党、为党。坚强的党性是共产党人世界观、人生观、价值观的集中表现，也是忠诚跟党走的内在要求。要以“三严三实”为准绳，把加强党性修养作为共产党人的“心学”和终身必修课。要发展积极健康的党内政治文化，全面净化党内政治生态，坚决纠正各种不正之风，以零容忍态度惩治腐败，不断增强党自我净化、自我完善、自我革新、自我提高的能力。要“练就金刚身，不怕百毒侵”，使“忠诚”二字在世界观中牢牢立起来。忠诚跟党走是一种思想境界，但要通过改造客观世界充分体现出来，在实践中经受检验、在行动上做出样子，落实于党员学习、工作、生活的各个方面，落实于党员履职尽责的各个环节，落实于党员严守纪律、严守规矩尤其是政治规矩的全过程，始终亮出党的旗帜、传播党的声音、送上党的温暖、弘扬党的作风、爱护党的形象。

要把坚定的理想信念落实到日常工作中和具体行动中。我们不能坐而论道，空谈理想信念，而是要落实在行动上，体现在工作中。在革命战争年代，检验理想信念简单而直接，那就是看面对凶残的敌人你敢不敢冲上去，能不能像董存瑞那样舍身炸碉堡，像黄继光那样舍身堵枪眼，像王成那样喊出“向我开炮”。习近平总书记说：“对理想信念的检验，和平年代不像战争年代那样直截了当，但依然可以分出优劣高低。领导干部的一招一式、一言一行，都有理想信念的影子。特别是在关键时刻和重大考验面前，公私是否分明，法纪是否严明，就是对理想信念是否坚定的最好检验。”在和平建设时期，不能说没有生死考验，但毕竟这种考验不多。检验一个干部的理想信念是否坚定比较难，但却不是不能检验的。在2013年全国组织工作会议讲话中，习近平总书记讲到要看“六个是否”，“那就主要是看干部是否能在重大政治考验面前有政治定力，是否能树立牢固的宗旨意识，是否能对工作极端负责，是否能做到吃苦在前、享受在后，是否能在急难险重任务面前勇挑重担，是否经得起权力、金钱、美色的诱惑”。这个检验既全面又具体，不是一下子或一两件事就能完成的，需要一个过程和看长期表现，甚至要看一辈子。

三、不断加强理想信念教育

理想信念的坚定，离不开思想认识的清醒和自觉。理想信念是我们党的立党之本、兴党之要，是党员干部的立身之魂、力量之源，也是人的生命意义的真实写照。理想信念教育的巨大作用，就在于能够通过马克思主义理论、社会主义和共产主义思想等的教育，引导党员干部树立马克思主义的世界观、人生观、价值观，树立社会主义、共产主义的理想信念，从而认清自己所担当的时代责任、所肩负的历史使命，明确自己的奋斗目标，在行动上始终服务和服从于坚持和发展中国特色社会主义。统一人们的思想和行动，自觉抵制各种错误思想和腐朽思想的侵蚀，以排除干扰社会主义现代化建设的各种消极因素，都需要加强理想信念教育。

理想信念教育的主要内容是马克思列宁主义、毛泽东思想、中国特色社会主义理论体系、习近平总书记系列重要讲话精神，以及党的历史和党的群众路线等。教育的目的，在于使全体党员干部牢记党的性质宗旨和自身职责使命，在工作岗位上充分发挥模范表率作用，在工作实践中提升和锤炼党性修养。同时，教育形式要灵活多样，教育内容要科学务实。为此，要根据时代特点、现实条件，不断创新教育形式，有针对性地设计教育内容，提高教育活动的吸引力、感染力和影响力。

理想信念教育的核心是强化全心全意为人民服务的宗旨。理想是客观规律昭示的，也由根本宗旨所注定，全心全意为人民服务的宗旨凝聚实现理想的伟大力量。共产主义战士雷锋，自愿做一颗螺丝钉，把有限的生命投入到无限的为人民服务事业中去；县委书记焦裕禄为改变兰考面貌，鞠躬尽瘁，死而后已；还有许多一心为民的人民公仆、爱岗敬业的先进工作者、勇攀高峰的科技精英，以及各行各业中的最美教师、最美战士、最美民警、最美基层干部……无不既胸怀理想，又心系宗旨。人民群众是历史的创造者，工人阶级和广大人民是打碎旧世界、建设社会主义和共产主义的根本力量。走在新长征路上，我们的每一次胜利进军，都是履行根本宗旨，团结、带领、依靠人民群众奋斗得来的，都像战争年代那样，离不开人民群众的支持。共产党人的根本宗旨是构成理想的根本要素，同时又蕴藏着实现理想的巨大能量。习近平总书记饱含深情地说：“人民对美好生活的向往，就是我们的奋斗目标。”[1]人民对美好生活的向往在不断提升，我们的奋斗目标也在不断刷新高度，直到实现共产主义。宗旨和目标的相互结合、立场和信仰的紧密连接、对宗旨的坚守和对真理的追求的辩证统一，一以贯之，体现于共产党人一代又一代传棒接力的历史进程。要通过学习深入思考入党为什么、党员图什么、为党做什么，做到真学、真懂、真信、真用，把学习的成效转化为坚定共产主义远大理想和中国特色社会主义共同理想的不变信念，转化为与人民群众同呼吸、共命运、心连心的真挚情感，不断增强贯彻党的理论和路线方针政策、为党和人民事业不懈奋斗的自觉性、坚定性。

① 《十八大以来重要文献选编》（上），中央文献出版社2014年版，第70页。

第二章
坚定马克思主义信仰

进入中国特色社会主义新时代，马克思主义在意识形态领域的指导地位更加鲜明。以习近平同志为核心的党中央高度重视思想理论建设，强调“没有马克思主义信仰、共产主义理想，就没有中国共产党，就没有中国特色社会主义”[①]，要求全党认真学习马克思主义和党的创新理论成果，用科学理论武装头脑、指导实践、推动工作。这一基本理念和要求对于党和国家事业发展具有极其重要的意义。马克思主义是科学的思想体系，是人类思想史上最重要的成果。在人类历史上，没有任何一种思想理论能够像马克思主义那样具有如此强大的威力。马克思主义不仅以其所指引的无产阶级革命和社会主义运动对世界的变化产生了巨大的影响，更是彻底改变了中国的命运。我们党从成立之初，便把马克思主义确立为根本指导思想。

第一节　马克思主义是人类迄今为止最先进的思想理论体系

任何一种真正意义上的理论体系都有一个“内核”，也就是有它

① 习近平:《在全国党校工作会议上的讲话》(2015年12月11日),载《求是》2016年第9期。

的基本原理，同时还包括众多针对具体问题的观点和结论。针对具体问题的观点和结论随着时代发展仍然具有指导意义，但一种理论是否先进，更重要的是看其核心部分、本质部分是否先进。不能因为某些具体观点和结论随着时代发展而失效了，就认定一种理论已经过时。马克思主义是一门完整严密的科学，又是一个与时俱进的开放理论体系。它以人类解放和实现人的全面发展为根本价值取向，为后人留下了不断丰富和发展的广阔空间。马克思主义经典作家的论述和结论并没有因时代条件的变更而失效，马克思主义的基本原理和根本价值取向在现时代仍然是先进的、有用的。因为它科学揭示了人类社会发展规律、揭示了当代世界发展的必然趋势和走向。正因如此，当前马克思主义在各国都拥有众多的信仰者、实践者，仍然是当今世界具有强大影响力、最先进的思想理论体系。

一、马克思主义依然是当今时代的思想旗帜

伴随着时代的发展和时代主题的变迁，马克思主义的思想价值时常被追问。诞生于170多年前的马克思主义，还适用于当今时代吗？还能继续指导我们解决当今时代课题吗？对此，我们的回答是肯定的。

党的十九大报告指出："必须推进马克思主义中国化时代化大众化，建设具有强大凝聚力和引领力的社会主义意识形态，使全体人民在理想信念、价值理念、道德观念上紧紧团结在一起。"马克思主义思想旗帜的地位，源于其科学品质与风格。思想旗帜是一个政党、国家乃至一个时代的精神标识，是认识世界、改造世界的理论遵循，也

是人们武装头脑、统一意志、凝聚信仰的理性基石。马克思主义成为我们高擎的思想旗帜，不是偶然的，而是有其深厚基础和坚固支撑的。

一是马克思主义是广博丰厚而又大气磅礴的真理体系。它奠基于全部人类文明思想成果，在扬弃中继承与创新；它运用唯物论和辩证法深入事物内层和历史深处，探寻必然联系和基本规律；它坚持历史唯物主义视野，通过解蔽繁茂芜杂现象，揭秘社会生活基本事实；它是实践的唯物主义，回应社会现实需要，由问题引导并从解决问题出发。在历史与逻辑、现实与未来的有机统一中，它创造性地揭示了人类社会由低到高、资本主义基本矛盾由隐到显、社会形态由资本主义向社会主义过渡的脉络，描绘出完整而清晰的发展图景和发展路径，为解答人类社会发展、资本主义命运、无产阶级前途指明了方向、昭示出未来。马克思主义的真理体系，展开于自然、社会、思维等各领域，贯通于哲学、政治经济学、科学社会主义等多学科，纵横交错，联结贯通，蔚为大观。

二是马克思主义是融世界观和方法论于一体的思维创造。在观察世界、社会、历史，认识自然、人类、思维，剖析阶级关系、经济结构、资本运行的过程中，它致力于本质、规律和内在联系的把握，提炼形成了一系列观点、判断和基本原理，在“世界观”意义上提供了全景式的崭新理念；同时它又把唯物论与辩证法、普遍联系与永恒发展、历史与逻辑统一等一系列科学方法和方法论原则，应用于理论构建和思维创造之中，表现出特有的“方法论”体系及其非凡价值。

三是马克思主义是诉诸行动并志在改变和创造的实践哲学。与以往的旧哲学不同，它根本性扭转了德国古典哲学的纯粹认识论旨趣。

不再热衷于打造超越于历史、外在于人的生产和生活实践的哲学体系，将“改造世界”的口号鲜明地写在自己的理论旗帜上，力图以唯物主义方式回应历史之谜。它以“不崇拜任何东西”的批判精神否定一切，与一切僵化、教条和形而上学的思维和观念进行毫不妥协的斗争，坚持在实践中证明思维的真理性、现实性和力量；它以实践为首要的和基本的观点，时刻从鲜活生动的实践中汲取智慧，在积极参与实践、干预和改造世界的行动中充分发挥理论的能动作用。

马克思主义在性质、内容、方法、立场等方面展现的科学品质和风格，以及它内在的开放性、创新性和与时俱进等理论品格，是迄今为止任何一种理论学说未曾也无法企及的，其思想影响和实践效能也是迄今为止任何一种理论学说未曾也无法实现的。它站在人类思维的制高点上，不仅成为无产阶级政党领导人民群众争取自由解放、迈向社会主义和共产主义的理论旗帜，也必然成为全世界一切尊重历史发展规律、推动社会文明进步的社会力量的思想灯塔。

马克思主义的当代意义，也就是其为现实社会所需、当前实践所予。马克思主义创立以来，世界发生了翻天覆地的变化，早已物是人非。但每有一重大历史转折和重大事件出现，人们总会把目光投向马克思主义，寻求智慧和教益。“东欧剧变”震惊世界，一度使社会主义的发展陷入困境，但国际上对马克思主义的关注热潮却此起彼伏：在伦敦、纽约、巴黎等地，“马克思主义大会”“世界社会主义大会”“国际马克思大会”等每一年或每隔一年都有举办，往往吸引高达上千人或数千人与会；在诸如“千年思想家”“当今最具影响力的思想家”等评选或民意调查中，马克思总是毫无意外地屡屡当选并高居榜首；

“马克思没有死”“我们需要马克思主义”“马克思改变了世界”等口号，在新世纪仍不断反复被认同。2008 年世界金融危机中，马克思的《资本论》再度畅销。这一切现象毫无疑问是缘于马克思主义的科学性和真理性。

二、马克思主义是深刻剖析当代资本主义的有力武器

置于当今时代的现实语境来考量，马克思主义并未因时代更新而“褪色”，或者随条件变迁而“失语”，而是具有穿越时空的力量。马克思主义仍然是我们深刻剖析当代资本主义的最锐利的武器和工具，这成就了马克思主义的时代价值。

首先，马克思主义的普适性理论与科学方法论没有过时，依然为当今时代所需。任何理论因所生成的年代和地域，毫无例外会带有时空条件等方面的局限。马克思主义也不例外，如判断资本主义经济危机 5 至 10 年为一个周期、对当时资本主义发展水平作了过高估计、提出“多国同时发生论”、预测未来社会主义不存在商品与货币等，都已经不符合变化了的实际，无法适用于当今现实。但这些都不是马克思主义的核心精髓，在马克思主义理论体系中更为根本的是大量具有真理性质和普遍意义的普适性内容，比如，辩证唯物主义中关于世界本原和第一性、实践与认识相互关系的理论，历史唯物主义中关于社会形态、社会基本矛盾及其运行规律的思想，关于商品二因素、劳动二重性和剩余价值学说的思想，关于阶级、政党、革命以及社会主义建设的思想，关于人的自由全面发展的价值追求等，都适用于当今

时代，而且有的还将对人类的思想创新和实践发展具有长远的指导作用。特别是撇开具体结论不说，马克思主义的方法论原则最具生命力和科学价值，作为“伟大的认识工具”，始终是我们不断汲取思想力量和方法指南的源泉。

其次，既承袭历史又吐故纳新的当今时代仍在马克思主义社会发展理论的基本视域中。在使用“当今时代”这个概念时，我们对时代的认识不能泛化，也不能简单化，而必须与以生产方式和社会结构为划分标志的“整体时代”或者称“大时代”、与以主题内容和基本任务为区分界限的“阶段时代”或者称“分时代”紧密相连。我们目前所处的整体时代是由20世纪初就已开始的资本主义向社会主义过渡的大时代，在经历了以“战争与革命”为主题的阶段时代后，于20世纪后半叶进入到以“和平与发展”为主题的阶段。当今时代既由整体时代、阶段时代发展延伸而来，又是整体时代、阶段时代的有机组成部分。马克思、恩格斯生活在19世纪，是资本主义的早期发展阶段，即自由资本主义阶段，但他们探讨和思考的最根本最核心的问题却超出了他们所属的时代，他们在思考资本主义基本矛盾的运行冲突、无产阶级的历史使命、社会主义取代资本主义的条件方式等关乎资本主义命运、社会主义前途、人类社会发展的规律性问题。马克思主义自觉肩负无产阶级和人类解放的历史使命，登高望远，使得一系列在自由资本主义条件下形成的思想观点和认识判断，并没有因资本主义进入到垄断阶段、社会主义革命首先爆发于经济文化落后国家并遭受重大挫折、资本主义与社会主义长期并存等新情况而丧失其理论意义和实践价值。立足当今时代，我们依然感受到马克思主义的真理和思想光辉。

最后，时代的前进与发展使马克思主义面临发展的新机遇。时代主题的深刻转换带来时代特征的持续更新，旧的矛盾被新的矛盾取代，产生许多新问题、提出一些新挑战。这要求马克思主义必须面对，而不只是躺在已有的理论成就上以不变应万变。当今时代，经济全球化、区域化伴随反全球化齐头并进，国际政治力量与大国关系快速重构，民族文化多元并存且全球融汇，世界文明在碰撞交锋与交流互鉴中前行；全球问题逐渐累积、科技革命发展加速、资本主义治理方式深度调整与向社会主义过渡更趋复杂，工人阶级“蓝领”“白领”的结构变化及生活水平提高，西方民主式微与霸权受阻，中国道路的世界性影响不断加大；连同人们从某一角度概括出的以“后工业社会”“知识经济”“信息化、数字化”“互联网、虚拟社会”“科技、电子、生物工程等”为标志的时代特征等，对马克思主义来说，都既富于挑战又蕴含机遇，亟待进行综合分析与深度思考。面对诸多时代课题，当代马克思主义者要写出新的理论著作，做出新的科学判断，依然要坚守马克思主义的基本立场、观点和方法，依然要从中获得理论启迪和方法指引。

有的人提出：马克思主义起源于19世纪，而现在已经是21世纪，时代条件发生了重大变化，社会发展不可同日而语，资本主义的生产力、生产关系与社会结构都发生了重大变革，因此马克思主义经典作家当时面临的问题已不复存在，马克思主义对资本主义的批判也就过期失效了。事实上，尽管存在一些“量”上的变化和变革，资本主义社会的“质”在当代并没有改变，资本主义生产社会化与生产资料私人所有制之间的基本矛盾并没有根本解决。由此决定了在当代资本主义社会中经济危机依然挥之不去、贫富差距依然在不断加大、种族歧视问题依然不会改变，马克思主义对资本主义的批判依然有效。正如美国知名学者詹姆逊所指出的，马克思主义是关于资本主义的科学，既然资本主义还存在，马克思主义就不存在“过时”的问题。2008年以来的国际金融危机使资本主义国家经济陷入衰退，有的至今仍未走出危机的阴影。就此不少西方舆论在反思后指出，“马克思当年的预言得到了验证”。这一事实再次表明，马克思主义经典作家对资本主义的分析与预言是深刻而科学的。

三、马克思主义是认识与改造世界的最锐利的思想武器

马克思主义是一门完整严密的科学和一个与时俱进的开放理论体系，它以全人类解放和人的全面发展为根本价值取向，为后人不断丰富和发展留下了广阔空间。马克思主义坚守无产阶级立场和社会发展规律，终结了神学和唯心主义在历史领域的长期统治，创立唯物史观，指明“历史活动是群众的事业”，强调人民群众一代接续一代地生产着物质财富和精神财富，人民群众是推动社会发展的决定性力量。在充分认识无产阶级的阶级地位和历史使命的基础上，它把无产阶级与全人类的根本利益统一起来，把必然携带阶级利益的价值追求与历史发展的客观目标贯通起来，把主体合目的性的选择与社会发展合规律性的要求协调起来。马克思主义既观点鲜明地提出要推翻资本主义实现无产阶级解放，又着眼于在遵循历史规律基础上推动人类文明的整

体性进步，从而在根本上实现了阶级利益与人类利益、价值追求与真理规范、合目的性与合规律性的高度统一。

马克思主义是研究如何实现劳动者的自由、发展和解放，如何使人民群众过上好日子的学问。简单说，想过好日子有三个指标：一是要有足够丰富的物质生活资料，解决吃穿住行的基本问题；二是要有平等和谐的社会关系，免除阶级剥削和压迫；三是要有精神的愉悦和舒畅，摆脱思想的奴役和压迫。在1880年1月—3月间完成的《社会主义从空想到科学的发展》中，恩格斯对此作了经典的表述，他说，在未来的共产主义社会，“人终于成为自己的社会结合的主人，从而也就成为自然界的主人，成为自身的主人——自由的人”[①]。马克思、恩格斯认为，要让无产阶级过上这种好日子，就必须使无产阶级争得民主，去除生产资料的资本属性，使生产资料成为公共财产，只有这样，才能真正解决资本主义社会生产力与生产关系的矛盾和问题。只有到这个时候，无产阶级才能真正摆脱自然界、人类社会以及自身的奴役和压迫，真正成为自然的主人、社会的主人、自身的主人。也只有到这个时候，无产阶级才能实现自身真正的自由、发展和解放。马克思的全部理论都是围绕这一主题展开的，这就是马克思主义的理论主题。

具体地说，首先，人是自然界长期进化的产物，要受到自然界的束缚和压迫。马克思主义的自然观实际上就是让我们正确看待自然，如何通过生产力的高度发展，使人摆脱自然的奴役和压迫，“成为自然界的主人”。只有做到这一点，才能获得足够的物质生活资料，即

① 《马克思恩格斯选集》第3卷，人民出版社1995年版，第760页。

实现经济解放。其次，人生活在社会中，就其本质来讲是社会关系的总和，还要受到社会的奴役和压迫。马克思主义历史观就是让我们正确看待社会，通过阶级斗争摆脱阶级奴役和压迫，使人成为“自己的社会结合的主人”。只有做到这一点，人才能够有尊严地生活着，即实现政治解放。第三，人生活在社会中还要受到自己思想的束缚和压迫，马克思主义的人学观和认识论就是让人正确认识人自身，从而摆脱自己对自己的束缚和压迫，使人“成为自身的主人——自由的人”。只有做到这一点，人才会快乐生活着，即实现思想解放。一句话，实现人民群众的自由、发展和解放，是马克思主义的内在之道，围绕如何实现“三个解放”、如何“做三个主人”，构成了马克思主义基本原理的整体架构和理论体系。

第二节　马克思主义是我们立党立国的根本指导思想

马克思主义是我们立党立国的根本指导思想。背离或放弃马克思主义，我们党就会失去灵魂、迷失方向。在坚持马克思主义指导地位这一根本问题上，我们必须坚定不移，任何时候任何情况下都不能有丝毫动摇。习近平总书记指出：“中国共产党之所以能够完成近代以来各种政治力量不可能完成的艰巨任务，就在于始终把马克思主义这一科学理论作为自己的行动指南，并坚持在实践中不断丰富和发展马克思主义。这使我们党得以摆脱以往一切政治力量追求自身特殊利益的局限，以唯物辩证的科学精神、无私无畏的博大胸怀领导和推动中国革命、建设、改革，不断坚持真理、修正错误。无论是处于顺境还是逆境，我们党从未动摇对马克思主义的信仰。”“在坚持马克思主义指导地位这一根本问题上，我们必须坚定不移，任何时候任何情况下都不能有丝毫动摇。”[①]尽管马克思主义是立党立国的根本指导思想，已载入《党章》，写入《宪法》，但近年来，在“去马”“非马”“贬马”等思潮影响下，“马克思主义过时论”“马克思主义无用论”“指导思想多元论”不绝于耳，马克思主义指导思想地位受到攻击和否定。面对动摇党本国本的挑战，不能坐视不管，必须进行说理性的回应。

一、坚持马克思主义指导地位是中国共产党的正确选择

中国共产党在众多主义中选择马克思主义作为根本指导思想，并用来指导革命、建设与改革，绝非是出于对马克思主义的盲目崇拜，而是因为一接触到马克思主义我们就认定它是科学真理，而这一点又被中国革命、建设与改革的实践所证实。

自人类社会进入资本主义社会，有了政党制度之后，每一个政党都面临选择什么样的指导思想问题。面对形形色色的思想、理论和主义，政党选择什么样的思想理论或主义作为指导思想，取决于政党的先进性和阶级性，取决于与它选择的指导思想的先进性、科学性，取决于先进性、阶级性和科学性是否一致。中国共产党成立至今，在指导思想上之所以毫不动摇地坚持马克思主义，根本原因恰恰在于马克

① 习近平：《在庆祝中国共产党成立95周年大会上的讲话》（2016年7月1日），载《人民日报》2016年7月2日。

思主义的先进性、科学性和阶级性，以及它与中国共产党的先进性和阶级性的高度一致。

对于马克思主义的先进性、科学性、真理性，习近平总书记给予了高度评价和全面阐述。他在哲学社会科学工作座谈会上指出：“马克思主义尽管诞生在一个半多世纪之前，但历史和现实都证明它是科学的理论，迄今依然有着强大生命力。马克思主义深刻揭示了自然界、人类社会、人类思维发展的普遍规律，为人类社会发展进步指明了方向；马克思主义坚持实现人民解放、维护人民利益的立场，以实现人的自由而全面的发展和全人类解放为己任，反映了人类对理想社会的美好憧憬；马克思主义揭示了事物的本质、内在联系及发展规律，是‘伟大的认识工具’，是人们观察世界、分析问题的有力思想武器；马克思主义具有鲜明的实践品格，不仅致力于科学‘解释世界’，而且致力于积极‘改变世界’。在人类思想史上，还没有一种理论像马克思主义那样对人类文明进步产生了如此广泛而巨大的影响。”[①]

在庆祝中国共产党成立95周年大会上的讲话中，习近平总书记再次强调：“95年来，中国共产党之所以能够完成近代以来各种政治力量不可能完成的艰巨任务，就在于始终把马克思主义这一科学理论作为自己的行动指南，并坚持在实践中不断丰富和发展马克思主义。这使我们党得以摆脱以往一切政治力量追求自身特殊利益的局限，以唯物辩证的科学精神、无私无畏的博大胸怀领导和推动中国革命、建

① 习近平：《在哲学社会科学工作座谈会上的讲话》（2016年5月17日），载《人民日报》2016年5月19日。

设、改革，不断坚持真理、修正错误。”①

回顾中国共产党领导人民奋斗的历程，28年的新民主主义革命，历经艰难，无数牺牲，最终取得胜利，实现了民族独立、人民解放，建立了中华人民共和国，完成了中国从几千年封建专制向人民民主的历史跨越。新民主主义革命成功和胜利的关键，最根本的一条就是把马克思主义基本原理同中国革命的具体实践相结合，正确制定了新民主主义革命总路线和新民主纲领，创立了实事求是的思想路线、三大法宝和三大优良作风等中国化马克思主义。新民主主义革命中曾出现的失误和教训，则在于党的早期领导人偏离或用教条主义对待马克思主义，犯了“左”和右的错误。新民主主义革命的经验教训表明，什么时候坚持以马克思主义为指导，革命就顺利胜利，什么时候把马克思主义教条化、甚至偏离马克思主义指导地位，革命就失误失败。

新中国建立以后，我们党继续把马克思主义基本原理同中国实践相结合，成功领导了社会主义革命和社会主义建设。一是开展了消灭和改造私有制的社会主义革命。通过“一化三改造”，在中国历史上第一次消灭了生产资料私有制、消灭了剥削阶级、消灭了剥削制度，成功地建立起社会主义制度。二是用社会主义制度的优越性最大限度调动了亿万人民的积极性，前所未有地解放和发展了生产力，在较短时间里建立了独立完整的工业体系和国民经济体系。不可否认，我们在这一时期也出现了生产资料私有制改造急于求纯、经济建设急于求

---

① 习近平：《在庆祝中国共产党成立95周年大会上的讲话》（2016年7月1日），载《人民日报》2016年7月2日。

成，以及反右派斗争扩大化和“文化大革命”等严重失误和重大错误，走了一段弯路，没有很好抓住现代化建设的机遇。社会主义革命和建设的经验教训同时表明，社会主义革命和建设只有正确坚持以马克思主义为指导，才能取得成功和胜利；错误地理解和运用马克思主义，在指导思想上出现偏差，社会主义革命和建设就会发生失误和挫折。

党的十一届三中全会以来这近 40 年，可以说是中国共产党运用马克思主义实事求是思想路线，探索中国特色社会主义现代化建设最重要、成果最多的时期。改革开放以来，我们党团结带领中国人民进行新的伟大革命，极大激发了广大人民群众的创造热情，极大解放和发展了社会生产力，极大增强了社会发展活力，使我国面貌发生巨大改变，带来了人民生活水平、综合国力和我国国际地位的显著提高。在这近 40 年中，也出现了不少问题，如新自由主义、民主社会主义、历史虚无主义、西方普世价值观流行，公有制主体地位被质疑，政府公信力和社会诚信度不高，生态环境恶化，贫富差距过大，腐败丛生，信仰动摇等。这些问题的产生和出现，原因是多方面的，或者是在抵制反马克思主义思潮中“发声”和“亮剑”不力，或者是在坚持马克思主义指导思想上发生了偏移，或者是没有在实践中科学运用马克思主义。

中国共产党 90 多年的不平凡历程，从正反两方面雄辩证明，我们离不开马克思主义这个指导思想，中国革命、建设、改革的成功和胜利都是在马克思主义指导下取得的。离开了马克思主义的指导，党就会失去先进性，离开了马克思主义的指导，中国特色社会主义就会迷失方向。所以，习近平总书记强调：“坚持不忘初心、继续前进，就要坚持马克思主义的指导地位，坚持把马克思主义基本原理同当代中国实际和时代特点紧密结合起来，推进理论创新、实践创新，不断把马克思主义中国化推向前进。”[①]

二、旗帜鲜明地回击反马克思主义思潮

当前，各种反马克思主义错误思潮形式五花八门，手段多种多样。有的公然指责马克思主义为反人性的异端邪说；有的说马克思主义是19世纪工业革命的老古董，早已过时；有的说马克思主义是革命学说、批判理论，搞社会主义建设用不上；有的说当今时代价值多样、思想多元，指导思想不能独此一家；有的说市场经济讲竞争，意识形态也要竞争等。这些说法，有的很好识破，有的则具有很大的欺骗性和迷惑性，容易蒙骗群众，误导舆论。坚持马克思主义为指导思想，必须旗帜鲜明地驳斥各种反马克思主义的错误言论。

一是“马克思主义过时论”是废旗陷阱。“马克思主义过时论”的错误，在于用单一时间标准评判马克思主义的时效性。持“过时论”的人把时间作为衡量理论时效性和科学性的标准。按照他们的说法，过时的就不只是马克思主义了，先于马克思主义的那些资产阶级思想理论同样过时了。但他们却拿出两套标准，一方面说马克思主义过时了，另一方面又把法国大革命时期和美国独立宣言等资产阶级的思想价值观说成“普世价值”，陷入自相矛盾之中。其实，衡量一种思想

① 习近平：《在庆祝中国共产党成立95周年大会上的讲话》（2016年7月1日），载《人民日报》2016年7月2日。

理论和主义是否“过时”，最根本的应该是看其是否顺应时代发展要求与时俱进，能否显现出当代价值。马克思主义虽然诞生于170年以前，但它所揭示的是人类社会发展规律的基本理论和认识世界改造世界的世界观与方法论，是认识世界、改造世界、建设世界的最根本的思想武器和行动指南。马克思主义作为科学真理，没有过时，也不会过时，相反，过时的是资产阶级学者轮番登台的那些短命学派、理论和主义。

二是“马克思主义无用论”是易帜骗局。给马克思主义贴上“革命理论”和“阶级斗争学说”标签，把社会科学简单地分割为“革命理论”与“建设理论”，并且以“革命理论”不能指导社会主义建设为借口而否定马克思主义，这是国内外某种舆论误导中国共产党改旗易帜的骗局。马克思主义作为科学真理，揭示了人类社会发展的一般规律，科学预测了建设社会主义、实现共产主义的某些可能。但是，马克思主义创始人是思想家不是算命先生，马克思主义是科学而不是神话。他们没有也不可能对未来怎样建设社会主义、实现共产主义提供现成的答案。因此，作为后来者不能苛求他们把一切问题都预想到，并事先给出万应的良方。因此，说马克思主义无用，显然有失公允。习近平总书记指出：“马克思主义并没有结束真理，而是开辟了通向真理的道路。”“今天，时代变化和我国发展的广度和深度远远超出了马克思主义经典作家当时的想象。同时，我国社会主义只有几十年实践、还处在初级阶段，事业越发展新情况新问题就越多，也就越需要我们在实践上大胆探索、在理论上不断突破。”[①] 当然，马克思主

① 习近平：《在庆祝中国共产党成立95周年大会上的讲话》（2016年7月1日），载《人民日报》2016年7月2日。

义创始人虽然没有提供社会主义建设的现成方案，却提供了认识问题和解决问题的科学方法，因此，马克思主义仍然是中国特色社会主义建设的指导思想。

马克思主义通过分析资本主义社会基本矛盾，揭示了人类社会发展规律，指明了社会主义必然胜利、共产主义一定实现的社会发展趋势，对我们未来实现共产主义提供了科学理论的自信。其中所包含的基本理论、基本方法，以及分析批判资本主义所使用的科学方法，均是具有普遍真理性，不仅不会过时和失效，而且是社会主义国家进行现代化建设的指导思想和行动指南。中国特色社会主义建设的成功实践就是在马克思主义指导下取得的。这也充分证明，马克思主义既是革命理论，也是建设理论，是革命理论和建设理论的有机结合和统一。

三是“指导思想多元论”是夺旗阴招。这种论调认为：思想是多元的，为什么指导思想只能一家？市场经济都讲竞争，为什么指导思想要官方规定？乍听起来，这些质疑貌似有道理，实质反映出对人类思想发展史的无知。阶级社会以来的历史表明，古今中外，任何一个国家的指导思想都是一元的、排他的，都由统治阶级一个阶级的思想。从来没有哪个国家的统治阶级放弃过指导思想这一阵地，也从来没有与被统治阶级分享过指导思想的先例。资本主义社会宣扬民主、自由，看似思想自由、价值多元。但这只是表象，资产阶级对国家的指导思想阵地把得更严、守得更牢。他们视服务资产阶级的思想为“普世价值”，为其他阶级张目的思想为异端邪说，处处排斥代表无产阶级思想的马克思主义。由于资本主义生产方式的国际化和全球化，垄断资产阶级独占独霸指导思想阵地的野心远比封建地主阶级大得多，他们追求的是对全人类的思想统治。在它们的视野里，唯有资产阶级思想是先进的文明的，是“普世价值”，应成为各国一体遵行的指导思想。其他阶级、国家、民族的思想和价值观都是落后的、野蛮的、不文明的，统统不符合西方“普世价值”的要求，都应该用西方的“普世价值”来取代。比如对于美国来说，在指导思想上，它自己要求一国独大、全球独霸，却又要指责中国指导思想一元化不符合自由民主的要求。这显然是一种“只许州官放火，不许百姓点灯”的霸道心态。美国在中国资助和栽培亲西方的“公知”、网络“大V”，采取里应外合、煽风点火、无中生有、混淆是非等卑劣手段，企图动摇马克思主义指导思想。因此，多年来他们或利用经济手段进行思想殖民和文化统治；或通过“颜色革命”，扶植亲美势力，输出思想，摧垮别国的思想价值观；或通过和平演变对社会主义国家进行思想文化渗透，搞乱理论是非、颠覆信仰信念，达到不战而胜的目的。对此，我们一定要保持高度警惕。

三、建立巩固马克思主义指导地位的保障体系

坚持以马克思主义为指导，巩固马克思主义指导地位，不能满足于将其载入《宪法》、写进《党章》，也不能仅仅停留在一般性号召和宣传上，而应采取切实可行的措施，建立巩固马克思主义指导地位的保障体系。

第一，健全完善马克思主义教育保障体系。坚持马克思主义根本在人，在于有坚持传播马克思主义的专门人才，有信仰马克思主义的

广大党员干部和人民群众。因为科学信仰不可能自发确立，必须靠后天的灌输与培养。马克思主义作为一种先进思想文化，也不会轻而易举地自动进入人们头脑。巩固马克思主义的指导地位，最重要的是要对全体党员和人民进行驰而不息的马克思主义教育，培养对马克思主义的信仰。一要改善马克思主义理论人才的国民教育培养体系。前些年，在一些错误认识主导下，我国高校马克思主义理论专业有的被撤掉、有的被“改造”或转向（如政治经济学专业改为经济学专业，主要照搬西方课程，进行西方经济学教育），招生培养人数剧减。2015年中央实行马克思主义理论研究和建设工程后，才在马克思主义理论硕士博士研究生培养上有所改观，但至今仍然少有高校设立本科专业，进而导致研究生和教师队伍中马克思主义理论专业出身的人很少，严重制约了队伍的水平和质量。为了培养数量多、质量高的马克思主义理论人才，有条件的国家和省属重点高校应开设马克思主义理论本科专业，招收本科学生；有条件的本科院校、省级党校和社科院要按照国民教育系列招收马克思主义理论研究生。一方面，要尽快恢复那些被砍掉了的马克思主义理论专业，如科学社会主义、政治经济学、思想政治教育等；另一方面，必须要求哲学社会科学各个专业建立用马克思主义指导的理论体系、教材体系和话语体系，决不能以教育和学术的所谓国际化和与国际接轨为名，只讲“国际一流”，不讲“中国特色”，客观上使我国的社会科学教学研究逐渐西方化。二是通过健全马克思主义国民教育人才培养体系，为党和国家培养和输送马克思主义理论高级专门人才。当前工作的重点，是要改善党校马克思主义理论干部教育体系。党校是在党员领导干部中开展马克思主义理论教育的主渠道和主阵地。党校姓党，首先要“姓马”“姓社”。只有“姓马”“姓社”才算姓党、才能姓党。各级党校要按照习近平总书记在全国党校工作会议上的讲话精神，对现有的课程设置和教学内容进行认真全面清理，重新回到对党员领导干部进行马克思主义理论教育的正确轨道上来。三是改善高校思想政治理论教育。适应时代和环境的变化，高校思想政治教育的教学方法应当不断改进，但最主要的还是教学内容，要从理论和实践的结合上透彻地阐明马克思主义理论难点，科学解释重大理论和现实问题，提升教学对象的综合分析和解决问题的能力。

第二，健全完善马克思主义宣传传播保障体系。坚持马克思主义，要有广泛的群众思想基础，拉近人民群众与马克思主义的距离，认同和信仰马克思主义。改革开放以来，信仰宗教的群众大大增加，崇拜西方思想的知识群体和青年越来越多，抢占了不少思想空间。各级党政部门要从巩固党的指导思想地位的战略高度，高度重视对人民群众的马克思主义信仰教育，用马克思主义占领人民群众思想阵地。否则，群众思想长期被宗教思想和西方价值观占领，即使是物质生活改善做得再好，人民群众与党和政府的心理距离、思想距离也会越来越远。健全马克思主义理论宣传体系，党报、党刊、官网要成为坚持党的指导思想、宣传马克思主义理论的主渠道、主阵地。要贴近群众、贴近生活、贴近实际，让人民群众在看书读报上网、看电影电视、看戏听歌等各种文化生活中潜移默化地受到马克思主义的影响和熏陶，使人民群众亲近马克思主义、信仰马克思主义。

第三，健全完善马克思主义科学研究保障体系。巩固马克思主义指导地位，不仅要继承和坚持马克思主义，而且要发展和创新马克思主义。要在不断研究新情况、解决新问题、适应新形势中，开辟21世纪马克思主义研究的新境界，使马克思主义更加适合世情和国情的需要。作为最大社会主义国家的领导核心，中国共产党应责无旁贷地站在世界研究马克思主义的最高峰、发展马克思主义的最前沿，引领21世纪马克思主义的发展。尤其要重视马克思主义中国化理论成果的科学研究和传播，在全世界传播好中国化马克思主义、讲好中国化马克思主义理论、方案和故事。健全完善马克思主义科学研究保障体系要两手抓。一手抓专门研究马克思主义的机构和队伍，建设更多专门研究基地，集聚更多研究人员，组织对马克思主义思想理论进行研究攻关；另一手抓用马克思主义指导对自然科学特别是社会科学的教学和科学研究，让马克思主义指导思想渗透入各门学科之中，如马克思主义的文学、社会学、法学等。我国有一支庞大的哲学社会科学队伍，他们分散在各行各业各个单位，也是马克思主义研究的重要力量。要更加重视和发挥他们的作用，调动他们的积极性，为他们从事马克思主义研究提供更多平台、予以更大支持、创造更好的研究环境和工作条件。

第四，健全完善马克思主义制度保障体系。为了确保马克思主义的指导地位，要进一步完善坚持马克思主义的制度体系，为坚持马克思主义提供强有力的制度保障。首先，要从《党章》和《宪法》这两个最高制度层面保障马克思主义的指导地位。一方面，要通过《党章》和《宪法》明确规定，党员和公民要拥护马克思主义，学习马克思主义，自觉同各种反马克思主义的言行作斗争。另一方面，要通过《党章》和《宪法》明确，反马克思主义是违宪行为，为党纪国法所不允许，从最高制度层面树立马克思主义在党员和公民中的权威性。其次，要把《党章》和《宪法》规定的坚持以马克思主义为指导思想制度化、具体化。要按照《党章》要求，健全完善党员和党组织学习马克思主义的制度体系以及对党员反马克思主义的惩处纪律体系等；要按照《宪法》要求，健全完善在全体公民中开展学习、宣传马克思主义的制度体系，引导人民群众主动学习和宣传马克思主义，认同和拥护马克思主义；要健全完善马克思主义领导权制度保障体系，巩固马克思主义在党和国家政治生活中的指导地位，要保证各级党委政府的领导权，包括意识形态工作部门和高校思想政治教育部门的领导权掌握在真正信仰马克思主义的人手里，克服马克思主义者在重用、晋升和提拔时常被忽视轻视的不利现象，把真正坚定的马克思主义者安排在经济、法律等社会各个领域的关键岗位。

第三节　把坚持马克思主义和发展马克思主义统一起来

把坚持马克思主义和发展马克思主义统一起来的关键，是要把马克思主义作为一个完整的严谨的理论体系来看待，从整体上把握马克思主义，而不是简单地把马克思主义划分为几个似乎互不联系的部分。只有完整全面地把握马克思主义基本原理，才算是完整准确地掌握马克思主义精神实质，才有可能运用马克思主义的基本立场观点方法分析、解决实际问题，才能更好地实现坚持和发展马克思主义的统一。

一、指导当代中国实践的马克思主义基本原理的体系只有一个

不管是过去、现在和还是将来，马克思主义基本原理的理论体系都只有一个，也只能有一个。在客观上存在马克思主义与非马克思主义、反马克思主义的对立，但绝不存在几个马克思主义的对立，更不能说一个马克思主义不灵了、不管用了，另一个马克思主义是灵的、管用的。我们党之所以长期坚持以马克思主义为指导，是因为实践证明它过去、现在和将来都是指导我们认识世界、改造世界的根本思想武器。马克思主义之所以不会过时，归根结底是因为马克思主义基本原理揭示了人类社会发展的一般规律。不同历史时期的马克思主义都是马克思主义基本原理的运用和发展，是放之四海而皆准的普遍真理。

第一，马克思主义哲学原理没有过时。马克思主义哲学原理揭示了自然界、人类社会和人的思维的本质和一般规律。运用辩证唯物主义、历史唯物主义以及唯物辩证法的基本原理，从自然观、社会历史观和人生观三个方面，科学解答了人如何摆脱自然界的束缚成为自然界的主人、如何摆脱社会历史的束缚成为社会历史的主人、如何摆脱自身思想的束缚成为自己的主人，促进每个人自由而全面的发展，实现无产阶级和全人类的解放，最终实现共产主义的理想社会。而建立在辩证唯物主义和历史唯物主义基本原理基础之上的思想方法和工作方法，同样是正确认识世界和改造世界的强大思想武器。包括实事求是的思想方法、辩证分析的思想方法、社会基本矛盾分析方法、历史分析方法、阶级分析方法、群众路线的方法，等等，都是我们党攻坚克难、永葆先进、引领时代发展的法宝。习近平总书记强调：“抓住

重点带动面上工作，是唯物辩证法的要求，也是我们党在革命、建设、改革进程中一贯倡导和坚持的方法。”[①]“面对改革发展的新问题、新任务，必须不断接受马克思主义哲学智慧的滋养，更加自觉地坚持和运用辩证唯物主义世界观和方法论，增强辩证思维、战略思维能力，更好地指导实践。”[②]

第二，马克思主义政治经济学原理没有过时。以唯物史观为指导，马克思主义政治经济学揭示了人类社会经济发展的一般规律，运用生产力与生产关系矛盾运动的原理，围绕商品经济规律、商品经济的基本矛盾、劳动价值理论、剩余价值理论、资本主义积累理论、资本的循环和再生产理论、经济危机理论等，揭示了资本主义固有的无法克服的社会化大生产与生产资料资本主义私有制之间的矛盾。马克思主义政治经济学运用经济基础与上层建筑矛盾运动的原理，揭示了从自由竞争资本主义到垄断资本主义的发展、当代资本主义的新变化等，分析了资本主义必将被社会主义所取代的发展趋势。尽管马克思主义政治经济学不可能为今天和以后的发展给出具体的答案，但却为不断认识真理开辟了正确的道路，为我们制定各项经济政策、方针和路线提供了指导和方向。习近平总书记指出：面对极其复杂的国内外经济形势，面对纷繁多样的经济现象，学习马克思主义政治经济学基本原理和方法论，有利于我们掌握科学的经济分析方法，认识经济运动过程，

① 《习近平在省部级主要领导干部“学习习近平总书记重要讲话精神，迎接党的十九大”专题研讨班开班式上发表重要讲话强调高举中国特色社会主义伟大旗帜为决胜全面小康社会实现中国梦而奋斗》，载《人民日报》2017 年 7 月 28 日。

② 《习近平在中共中央政治局第二十次集体学习时强调坚持运用辩证唯物主义世界观方法论提高解决我国改革发展基本问题本领》，载《人民日报》2015 年 1 月 25 日。

把握社会经济发展规律，提高驾驭社会主义市场经济能力，更好回答我国经济发展的理论和实践问题，提高领导我国经济发展能力和水平。[①]

第三，科学社会主义基本原则没有过时。科学社会主义揭示了社会主义和共产主义的本质及其发展规律。马克思、恩格斯运用人类社会基本矛盾理论，阐释了社会主义社会必然代替资本主义社会的观点、社会主义革命和无产阶级专政的观点、社会主义的本质特征和建设发展规律的观点、无产阶级政党建设的观点、共产主义社会的基本特征和历史必然性的观点等，揭示了社会主义社会和共产主义社会的基本特征及其发展规律。坚持人民群众是历史的创造者的唯物史观，揭示了广大人民群众是推动社会主义建设、发展和改革的社会力量，指出了社会主义社会作为先进生产力的代表，本质就是解放生产力、发展生产力、消灭剥削、消灭阶级，具有与广大人民群众根本利益的一致性。科学社会主义是我们正确认识人类社会发展规律、社会主义建设规律和共产党执政规律的根本思想指南。尽管各国实际情况不同，时和势也在不断发展，但科学社会主义的原理永远不会过时。在我国，科学社会主义基本原则是决定我国社会主义制度和体制机制的根本依据，也是中国特色社会主义建设遵循的基本准则，习近平总书记强调：中国特色社会主义是社会主义而不是其他什么主义，科学社会主义基本原则不能丢，丢了就不是社会主义。[②]

---

①《习近平在中共中央政治局第二十八次集体学习时强调立足我国国情和我国发展实践发展当代中国马克思主义政治经济学》，载《人民日报》2015年11月25日。

②《习近平在新进中央委员会的委员、候补委员学习贯彻党的十八大精神研讨班开班式上发表重要讲话强调毫不动摇坚持和发展中国特色社会主义在实践中不断有所发现有所创造有所前进》，载《人民日报》2013年1月6日。

马克思主义基本原理是统一的整体。虽然学界从不同的角度，对马克思主义基本原理具体内容的理解有差异，但对它的整体性则是没有异议的，正如列宁指出："马克思的观点极其彻底而严整，这是马克思的对手也承认的。"[①]那么，如何理解马克思主义基本原理的整体性。列宁的答案是："马克思主义的全部精神，它的整个体系，要求人们对每一个原理都要（α）历史地，（β）都要同其他原理联系起来，（γ）都要同具体的历史经验联系起来加以考察。"[②]马克思主义哲学、政治经济学和科学社会主义原理之间是内涵丰富、逻辑严密的科学理论体系，其中，马克思主义哲学是世界观和方法论基础，政治经济学是运用马克思主义哲学对资本主义的理论剖析，而科学社会主义则是马克思列宁主义哲学和政治经济学的结论和归宿，各个部分不可割裂、不可孤立。

马克思主义基本原理是统一的整体，不能人为地把它割裂，不能只承认其中某些原理或者否定其他原理。马克思主义基本原理是有机的整体，否认或曲解其中任何一条基本原理，就会把马克思主义肢解，导致马克思主义的碎片化，而这又会引起连锁反应，使其他原理失去合理性，最终便会从整体上否定马克思主义基本原理。当前，在马克思主义基本原理的整个体系中，对政治经济学相关原理存在的异议最多。比如，劳动价值论、剩余价值论，这是非马克思主义者攻击整个马克思主义理论体系的最主要的突破口。我国仍处于社会主义初级阶段，多种所有制经济与公有制经济共同发展，在发展生产、增加就业、

① 《列宁选集》第 2 卷，人民出版社 1995 年版，第 418 页。
② 《列宁选集》第 2 卷，人民出版社 1995 年版，第 785 页。

促进经济社会发展方面有重要的作用。由此，一些人否认劳动价值论的观点，认为各个生产要素都能创造价值，而资本所有者所获得利润是自己的投入所得，并非来自工人创造的剩余价值。剩余价值学说是马克思主义政治经济学的基石，否定剩余价值学说，就否定了资产阶级与无产阶级之间剥削与被剥削的关系，从而否定了科学社会主义，整个马克思主义基本原理就难以得到说明。所以，在生产力仍然不发达的社会主义初级阶段，我们要坚持用唯物辩证法来认识公有制经济与多种所有制经济的关系。在毫不动摇鼓励和支持多种所有制经济共同发展的同时，必须始终坚持公有制的主体地位为前提。发展多种所有制经济是为了更好地巩固公有制的主体地位，是为社会主义服务的。在公有制与多种所有制的矛盾中，只要公有制的主体地位不改变，多种所有制经济的发展不仅不会改变我国社会主义的性质，反而有利于解决社会主义初级阶段存在的问题和困难。更好地发挥国有企业的主导作用、更好地体现公有制的主体地位、更好地发挥社会主义的优越性，马克思主义的指导地位只会越来越稳固。

二、指导当代中国实践的马克思主义既一脉相承又与时俱进

虽然只有一个马克思主义基本原理的体系，但并不意味着马克思主义不需要发展了。马克思主义而是随着时代的发展而不断丰富和发展的科学理论体系。当前，指导我国实践的马克思主义理论虽然名称不同，但这只是马克思主义理论形态的具体表述，贯穿于其中的核心灵魂、命脉、主旨和前进方向是根本一致的，它们之间既一脉相承又与时俱进。

当然，马克思主义理论体系一脉相承的实现方式不可能是照搬照抄马克思主义，而是马克思主义基本原理与时代背景、具体国情等实际相结合，运用马克思主义基本原理把脉不同时期的时代主题、主要矛盾、主要任务，写出新理论，开辟新道路，从而总结出新经验、概括出新观点，不断丰富和发展马克思主义。相反，对马克思主义照搬照抄，把马克思主义在特定历史条件下的具体论述和结论作为解决我们今天问题的答案，不仅不能解决问题，还会给社会主义事业造成严重影响和危害，这种现象在马克思主义发展史上时有发生。而这种教条主义作风是马克思主义创始人所坚决反对的，马克思和恩格斯对待自己创立的理论体系的清醒，正是他们对真理把握的透彻性的表现。恩格斯在谈到马克思主义时，反复强调马克思主义不是僵死的教条，“我们的理论是发展着的理论，而不是必须背得烂熟并机械地加以重复的教条”[①]，是“行动的指南”“研究的方法”。马克思恩格斯对待马克思主义的这种科学态度，也为后来的马克思者们反复强调。真正的马克思列宁主义者，始终坚持把马克思主义基本原理与具体实际相结合，从而推动了马克思主义不断向前发展。

列宁把马克思主义基本原理与帝国主义时代和俄国的实际相结合，领导俄国人民取得了十月革命的伟大胜利，实现了社会主义从理论到实践的飞跃，开辟人类历史的新纪元，建立了世界上第一个社会主义国家，使马克思主义理论发展到新阶段，即列宁主义。它的普遍原理，又对世界其他国家进行社会主义革命具有重要的指导意义，也

①《马克思恩格斯选集》第4卷，人民出版社1995年版，第681页。

是我们党的行动指南。以毛泽东为主要代表的党的第一代中央领导集体，把马克思列宁主义基本原理同中国革命和建设的实际结合起来，创立了毛泽东思想，大大丰富和发展了马克思列宁主义理论，并指导我国取得新民主主义革命、社会主义改造的伟大胜利，建立了社会主义制度，实现了中国社会历史上最深刻最伟大的变革，为中国特色社会主义事业提供了坚实的物质基础、理论准备和宝贵经验。改革开放以来，我们党对和平与发展的时代主题做出了正确判断，把马克思主义基本原理与我国新的国情和实践相结合，总结了我国社会主义建设和其他社会主义国家的经验教训，开创了中国特色社会主义新的历史时期，并创立和发展了中国特色社会主义理论体系，包括邓小平理论、“三个代表”重要思想、科学发展观和习近平新时代中国特色社会主义思想等，这是马克思主义中国化第二次飞跃的理论成果。习近平总书记在阐释和评价中国特色社会主义理论体系时指出，中国特色社会主义理论体系之所以完全正确，之所以能够引领中国不断发展进步，最根本就在于它破除了教条式对待马克思主义的方法，又抵制了抛弃社会主义基本制度的错误主张；既坚持了科学社会主义基本原则，又体现出鲜明的时代特征和中国特色；既继承了前人，又讲出了新话，开拓了马克思主义新境界，是深深扎根于中国大地、符合中国实际的当代中国马克思主义。这说明了中国特色社会主义理论体系既是改革开放以来的伟大实践的新概况、新总结、新论断；也说明了只有坚持马克思主义基本原理，中国特色社会主义理论体系才属于马克思主义理论体系，也只有如此，坚持中国特色社会主义理论体系，才是真正坚持马克思主义。

党的十八大以来，以习近平同志为核心的党中央高度重视引导人们对马克思主义理论体系一脉相承又与时俱进的正确认识。主要表现在四个方面：一是重视马克思主义基本原理的学习。中共中央政治局分三次集体学习了历史唯物主义、辩证唯物主义和马克思主义政治经济学的基本原理和方法论，把学习马克思主义经典著作及蕴含于其中的马克思主义基本原理作为各级领导干部的“看家本领”，凸显了马克思主义基本原理的重要性。二是进一步巩固了马克思主义的指导地位。2013年8月19日，习近平总书记在全国宣传思想工作会议强调党的宣传思想工作要巩固马克思主义在意识形态领域的指导地位；2016年5月17日，习近平总书记又在全国哲学社会科学工作座谈会强调要旗帜鲜明地坚持马克思主义在我国哲学社会科学领域的指导地位。三是正确评价了改革开放前后两个历史时期。习近平总书记充分肯定了两个历史时期各自的历史贡献和历史特点，实事求是地对这两个历史时期做出了正确的认识、定位和评价，把这两个历史时期的相互关系辩证地紧密连接在一起，从而确保了我国意识形态的连贯性和相对稳定性。四是提出了继续坚持和发展中国特色社会主义，继续发展21世纪的马克思主义。党的十八大以来，习近平总书记明确指出，我们这一代共产党人的任务，就是继续把坚持和发展中国特色社会主义这篇大文章写下去；强调只有坚持马克思主义基本原理，不断推进马克思主义时代化、中国化、大众化，才能指导中国特色社会主义不断推向前进；提出要继续发展21世纪的马克思主义和当代中国的马克思主义、发展当代中国特色社会主义政治经济学。这四个方面，集中凸显了马克思主义基本原理的核心作用，进一步巩固了马克思主义的指导地位，把各个时期的马克思主义理论体系有效衔接了起来，并为马克思主义的进一步发展提出了明确的要求和前进的方向，从思想上、理论上、实践上确保了马克思主义理论体系的统一性、连贯性和完整性。

三、新时代中国特色社会主义思想是马克思主义中国化最新成果

党的十八大以来，我们党以巨大的政治勇气和强烈的责任担当，提出一系列新理念新思想新战略，出台一系列重大方针政策，推出一系列重大举措，推进一系列重大工作，解决了许多长期想解决而没有解决的难题，办成了许多过去想办而没有办成的大事，推动党和国家事业发生历史性变革。这些历史性变革，对党和国家事业发展具有重大而深远的影响。新时代中国特色社会主义思想蕴含着马克思主义基本立场、观点和方法，闪耀着马克思主义真理的光辉，与马克思列宁主义、毛泽东思想和中国特色社会主义理论体系一脉相承，构成马克思主义理论体系的最新成果。

习近平新时代中国特色社会主义思想坚持了马克思主义基本原理，是马克思主义理论体系的重要组成部分。党的十九大报告指出："新时代中国特色社会主义思想，是对马克思列宁主义、毛泽东思想、邓小平理论、'三个代表'重要思想、科学发展观的继承和发展，是马克思主义中国化最新成果，是党和人民实践经验和集体智慧的结晶，是中国特色社会主义理论体系的重要组成部分，是全党全国人民为实

现中华民族伟大复兴而奋斗的行动指南，必须长期坚持并不断发展。”一是始终坚持马克思主义的基本立场。习近平总书记始终以人民群众的根本利益为出发点、落脚点和基本遵循，突出人民的主体地位，深刻阐释了“为了谁、依靠谁、我是谁”这个根本问题，在情感中显示出真挚的亲民爱民为民的情怀，把人民对美好生活的向往作为奋斗目标，等等。二是始终坚持马克思主义哲学、政治经济学和科学社会主义的基本观点。习近平总书记指出，“学哲学、用哲学，是我们党的一个好传统”①，强调要用历史唯物主义的基本原理把治国理政规律的认识提高到新的水平；要“学习掌握唯物辩证法的根本方法，不断增强辩证思维，提高驾驭复杂局面、处理复杂问题的本领”②；指出学习马克思主义政治经济学基本原理和方法论，掌握科学的经济分析方法，这对于认识经济运动过程，把握社会经济发展规律具有重要的意义；强调了中国特色社会主义坚持科学社会主义基本原则，是社会主义而不是别的什么主义，等等。三是始终坚持马克思主义基本方法。习近平总书记坚持实事求是的思想方法，贴近实际，问题导向和问题意识鲜明、针对性强，讲的是具体问题、提出的是具体的举措、勾画的是具体的现实的愿景；运用唯物辩证法分析复杂事物，研究解决改革发展中的矛盾和问题；运用唯物史观进一步升华了对人类社会发展规律、社会主义建设规律和共产党执政规律的认识；运用社会基本矛盾分析法，深刻阐释了全面深化改革的重要性和紧迫性，准确把握全

① 《习近平在中共中央政治局第十一次集体学习时强调推动全党学习和掌握历史唯物主义更好认识规律更加能动地推进工作》，载《人民日报》2013年12月5日。

② 《习近平在中共中央政治局第二十次集体学习时强调坚持运用辩证唯物主义世界观方法论提高解决我国改革发展基本问题本领》，载《人民日报》2015年1月25日。

面深化改革的若干重大关系；坚持和创新群众路线的思想方法，强调各级党政机关和领导干部要学会通过网络走群众路线，等等。展现了新一届党中央的执政方略和治国理念。

习近平新时代中国特色社会主义思想坚持和发展了马克思主义，是马克思主义中国化最新的成果。把马克思主义基本原理与当前中国的具体实际相结合，围绕“什么是中国特色社会主义、怎样坚持和发展中国特色社会主义”这个主题，进一步解答了“什么是马克思主义、如何对待马克思主义”“什么是社会主义、如何建设社会主义”“建设什么样的党、怎样建设党”“实现什么样的发展、怎样发展”的重大理论问题；深刻地解答了“什么是社会主义改革、怎样进行社会主义改革”的重大现实问题，从而为实现“两个一百年”宏伟目标作了正确的回答、进行了全面的部署、开辟了前进的道路。新时代中国特色社会主义思想既蕴含了马克思主义基本立场、观点和方法，又是对中国特色社会主义伟大实践的深刻总结，是我们党始终坚持马克思主义基本原理与中国具体实际相结合的光辉典范，有力地推进和实现了马克思主义中国化、时代化、大众化，与马克思列宁主义、毛泽东思想和中国特色社会主义理论体系既一脉相承又与时俱进，是马克思主义理论体系的最新一员，属于坚持了同一个马克思主义基本原理的马克思主义。

第三章
把学习掌握马克思主义理论作为看家本领

从一定意义上说，掌握马克思主义理论的深度和厚度，决定着政治敏感的程度、思维视野的广度以及思想境界的高度。习近平总书记在中共中央政治局就历史唯物主义基本原理和方法论进行集体学习时，特别强调要“原原本本学习和研读经典著作，努力把马克思主义哲学作为自己的看家本领”[①]。这实际是习近平总书记多年来反复强调的一个重要论断，是他基于理论逻辑、历史经验教训和现实发展对全党提出的要求。如果说马克思主义理论是我们党的“看家本领”，那么更进一步则可以认为，经典著作是关键。学习和研读经典著作不仅有助于加强对马克思主义理论的理解，也是把握复杂的历史和现实问题必不可少的条件。

第一节　学习马克思主义理论是我们做好一切工作的看家本领

马克思主义所蕴含的理论思维，仍是我们今天战胜各种风险和困

① 《习近平在中共中央政治局第十一次集体学习时强调推动全党学习和掌握历史唯物主义更好认识规律更加能动地推进工作》，载《人民日报》2013年12月5日。

难的有力支撑，是我们做好一切工作的根本指导。党的十九大报告指出，要“弘扬马克思主义学风。”把握马克思主义理论，需要追本溯源、精读经典。学习马克思主义原理教科书，可以掌握马克思主义理论。但如果要更深入地理解马克思主义理论的内涵和意蕴，仅靠原理教科书是不够的。过于抽象的概括和表述方式，容易将基本原理概念化、条块化乃至一定程度地简单化。如果回到原文原著，马克思主义经典作家宽广的理论视野、丰富的知识领域、多样的论证方式、广泛的思想议题和独特的思考角度等就可以得到充分展现，我们对马克思主义理论的理解就会更加全面、客观和自觉。

一、把握马克思主义理论的基本功

把学习和研读马克思主义理论看作是深入理解、掌握马克思主义理论的前提条件和重要途径，是习近平总书记基于马克思主义“史”“论”“著”三者的逻辑关系而做出的重要判断。在中国人民大学调研时，他再次要求大家要精读马克思主义经典的代表性著作，追本溯源，把握马克思主要理论。

习近平总书记的上述论断具有极强的针对性。长期以来，相当多的学员干部和人民群众，也包括为数不少的理论工作者，学习接受马克思主义的主要方式是读原理教科书。在刚开始时，或是在特殊的历史环境和条件下这当然是一条“便捷途径”，而且取得了相当明显的效果。但是，如果要更加深入地理解马克思主义原理的复杂内涵和深广意蕴，仅靠读原理教科书又是不够的。它由于省略了对很多思想观点的演变过程和曲折的论证环节的梳理和分析，过于抽象的概括和表述方式很容易将基本原理概念化、条块化乃至简单化。然而，一旦回到文本的特殊语境和历史序列之中，情形就会大为改观。通过系统地学习、研究和思考，将使我们对马克思主义基本理论的理解更加全面、客观和自觉，这与我们长期以来通过教科书所把握的马克思主义理论体系以及一般人心目中形成的那种简单、刻板、思辨乃至教条的形象会有很大的不同。

不仅如此，系统学习有助于廓清马克思主义基础理论研究中出现的那些重大的争论、存在过的误读和曲解。我们可以回顾一下中华人民共和国成立以来哲学界不断出现的、引起很大反响的热点问题，思维和存在的统一性、诸如辩证法的核心和规律、“一分为二”与“合二而一”、主观能动性与客观规律性、经济基础与上层建筑的关系、异化与人道主义、美的本质、唯生产力论、社会革命与生产力标准、马克思主义哲学的称谓和实质、本体论问题、哲学体系改革、现代性与社会发展、“以人为本”、历史唯物主义与社会主义核心价值观等，这些问题引起争议起初非常热闹，但很多讨论难以持续、鲜有定论或者最后就不了了之，这其中当然有非常复杂的原因，但除了那些特殊的时代氛围和背景，除了受意识形态的政治性有关，其实也与论者多以思辨的方式立论有关。尽管争论者都在引用经典作家的言论，但多数是离开这些话语由所产生的特定文本语境和具体所指而做的抽象摘引，缺少把其原始内涵和界域阐释清楚，因而最终难以做出判断和结论。而如果我们回到原初文献，就会清楚地看出这些问题在他们那里是在什么意义上提出来的、有什么样的具体含义、在其整个理论域中占据怎样的位置、他们的观点具有什么特殊意义和超越性质、应该对其学说做出怎样的检视和判断。通过这些工作，既可以使经典作家的真实思想及其意义得到澄明，同时也廓清了这些问题延展到当代的现实境遇和新的内涵。

二、理解复杂的历史和现实问题的风向标

社会上有一种不正确的看法，认为学习和研读经典著作是搞清谈，是有意回避现实问题，搞新的“本本主义”“经院哲学”和“烦琐哲学”，因而体现不出马克思主义的当代性。习近平总书记则从我们党“在中国这样一个有着13亿人口的大国执政、面对十分复杂的国内外环境、肩负着繁重的执政使命”这样的战略高度，深刻地阐明了马克思主义理论所蕴含的“理论思维”对于今天我们战胜各种风险和困难能提供“有力支撑”，对于我们“坚定理想信念，坚持正确政治方向，提高战略思维能力、综合决策能力、驾驭全局能力，团结带领人民不断书写改革开放历史新篇章”具有不可或缺的现实意义。学习和研读经典著作不仅有助于加深对马克思主义理论的理解，也是用以反观现实、把握复杂现实问题必不可少的条件。

在这近200年的历史沧桑剧变中，世界发生了极其深刻的变革，诞生于19世纪中叶的马克思主义是这一历史进程的参与者，留下了不可磨灭的印记。但是我们又可以看到，言说了170年的“马克思主义”，迄今为止在认知和理解上并未完全清楚明白，反而愈益陷入聚讼纷纭的境地，很多人的言说和理解离开了经典作家的原始文本及其

思想演进。而就 20 世纪而言，很大一部分人对于马克思主义的了解，已脱离了其原生形态，而更多地依赖于其后继者在特定的现实境遇下的阐释、发挥与重建。这当然是由特定的历史环境造成的，也有一定的合理性。但考虑到马克思主义的特殊性质及其在 21 世纪的命运，在当代新的境遇下发展马克思主义却是一项必不可少的前提性工作。而离开对马克思主义理论的学习和研究，所谓“总结历史经验”就是一种虚妄。

迅猛推进的全球化态势提供了理解和评价马克思主义理论的重要参照系，更加凸显出其当代价值。谈及全球化，我们首先要知道：全球化的实质是什么？如今的“全球化”态势不仅仅是属于当代，实际上它是马克思、恩格斯在《共产党宣言》中所说的“资本主义首次开创的世界历史”在当代的延续和发展。因此，《德意志意识形态》《共产党宣言》和《资本论》对“世界历史”时代现象的描绘及其实质的揭示至今仍未失其效准。资本奔走于全球各地，“开拓了世界市场，使一切国家的生产和消费都成为世界性的了”。这样，资产阶级就“按照自己的面貌为自己创造出一个世界”。这个由资产阶级“按自己的面貌为自己创造”的世界必然会出现畸形、扭曲和不平衡发展，带来新的世界政治经济不平衡，世界历史体系的总体结构必然具有“等级森严的性质”。全球化时代也并没有改变这种态势，超越这一规律。正因为如此，指导当代中国发展的“中国特色社会主义”绝不能仅仅限于提出一些具体的路线、方针和策略，更应当达到思想体系、基础理论的建树；而对它所具有的“世界意义”的阐发，则必须借助对经典马克思主义的深刻理解和当代全球化态势的准确把握。为此，强调学习和研读马克思主义理论，虽然不能指望从中立竿见影地找到解决当代具体问题的方案，但对照马克思、恩格斯当年的思考来反思目前中国与世界的状况，将使我们大受裨益、深获启迪。

三、提升经典原著学习和研究的新高度

习近平总书记在新的历史条件下鼓励在学习上要读原著、学原文、悟原理，指出要原原本本学习和研读经典著作，努力把马克思主义哲学作为自己的看家本领。该怎样学习和研究这些经典著作，这对于我们具有很强的指导性。同时，应加强研读与思考的结合、历史与现实的连通、理论与实践的互动，不断提升经典著作学习和研究的水准。无论是在革命战争年代还是在中华人民共和国成立以后，学习和研读马克思主义经典著作是我们党长期以来形成的一个优良传统。毛泽东同志多次强调阅读马克思主义经典著作对党的事业的极端重要性，他不仅率先垂范，认真研读，而且多次向党的高级干部推荐学习书目，并指示由中央专门发文督促执行。此后，历代中央领导同志也在各自长期的工作经历和领导实践中，倡导并带头学习马克思主义哲学及其经典著作。习近平总书记在新的历史条件下反复强调这一点，表明了我们党在指导思想、学习传统、理论资源上的相承、坚守和发展。习近平总书记还特别告诫我们，学习和研究这些经典浮光掠影不行，浅尝辄止不行，必须专心致志地读、原原本本地读、反反复复地读，通过细嚼慢咽去感悟马克思主义理论历久弥新的思想价值。要看到，在今天，学习和研读马克思主义经典著作具备了更为良好的文献基础和条件。一方面

从马克思、恩格斯文本、文献的编辑、出版和研究状况看，新的《马克思恩格斯全集》“历史考证版”刊发的大量新的资料，真实完整地再现了他们准备、写作、修改和整理其著述的曲折过程，更加完整地表现出他们的理论视野和深邃的思想内涵，提供了重新客观、完整而深入理解马克思主义的权威版本。另一方面从中文版的情况看，随着《马克思恩格斯文集》10卷本、《马克思恩格斯选集》4卷本、《马克思恩格斯全集》第2版，以及更为完善的马克思列宁主义经典作家著作集的陆续出版，提供了更为准确的中文版本。当然，这也就把更加深入的文本解读、思想阐述和价值评估的任务摆在我们面前。在这种情况下，在全党、全社会形成良好的学习氛围，一定能提升经典原著学习和研究的水准，为实现中华民族伟大复兴的中国梦和共产主义的远大理想提供理论保障和智力支撑。

第二节　要认真学习马克思主义理论特别是中国特色社会主义理论体系

中国特色社会主义理论体系是指导当代中国社会主义建设的科学理论，是对马克思列宁主义、毛泽东思想的坚持和发展，是马克思主义中国化的最新理论成果。中国特色社会主义是党和人民90多年奋斗、创造、积累的根本成就，是改革开放以来党的全部理论和实践的主题。党的十八大报告深刻阐述了中国特色社会主义的科学内涵，之后，以习近平同志为核心的党中央，围绕着实现中华民族伟大复兴的

“中国梦”，形成新时代中国特色社会主义思想，为中国特色社会主义理论体系增添了新内涵。认真学习中国特色社会主义理论体系，用中国特色社会主义理论体系中蕴含的丰富资源武装头脑、指导工作，就能够为开创中国特色社会主义事业新局面，夺取中国特色社会主义的新胜利，奠定坚实的思想理论基础。

一、领悟中国特色社会主义理论体系的科学内涵

中国特色社会主义理论体系是包括邓小平理论、“三个代表”重要思想和科学发展观在内的科学理论体系。党对中国特色社会主义的认识随着实践的深化而不断深化。

党的十九大报告对习近平新时代中国特色社会主义思想的科学内涵做了多方面的论述：明确坚持和发展中国特色社会主义，总任务是实现社会主义现代化和中华民族伟大复兴，在全面建成小康社会的基础上，分两步走在本世纪中叶建成富强民主文明和谐美丽的社会主义现代化强国；明确新时代我国社会主要矛盾是人民日益增长的美好生活需要和不平衡不充分的发展之间的矛盾，必须坚持以人民为中心的发展思想，不断促进人的全面发展、全体人民共同富裕；明确中国特色社会主义事业总体布局是“五位一体”、战略布局是“四个全面”，强调坚定道路自信、理论自信、制度自信、文化自信；明确全面深化改革总目标是完善和发展中国特色社会主义制度、推进国家治理体系和治理能力现代化；明确全面推进依法治国总目标是建设中国特色社会主义法治体系、建设社会主义法治国家；明确党在新时代的强军目

标是建设一支听党指挥、能打胜仗、作风优良的人民军队，把人民军队建设成为世界一流军队；明确中国特色大国外交要推动构建新型国际关系，推动构建人类命运共同体；明确中国特色社会主义最本质的特征是中国共产党领导，中国特色社会主义制度的最大优势是中国共产党领导，党是最高政治领导力量，提出新时代党的建设总要求，突出政治建设在党的建设中的重要地位。

中国特色社会主义是改革开放以来党的全部理论和实践的主题，是党和人民历尽千辛万苦、付出巨大代价取得的根本成就。中国特色社会主义道路是实现社会主义现代化、创造人民美好生活的必由之路，中国特色社会主义理论体系是指导党和人民实现中华民族伟大复兴的正确理论，中国特色社会主义制度是当代中国发展进步的根本制度保障，中国特色社会主义文化是激励全党全国各族人民奋勇前进的强大精神力量。全党要更加自觉地增强道路自信、理论自信、制度自信、文化自信，既不走封闭僵化的老路，也不走改旗易帜的邪路，保持政治定力，坚持实干兴邦，始终坚持和发展中国特色社会主义。

中国特色社会主义理论体系的精髓是解放思想、实事求是、与时俱进、求真务实，这实际上是党的思想路线在不同历史阶段的创新和发展，是中国特色社会主义理论体系一脉相承的基因。

中国特色社会主义理论体系之所以是一个具有内在联系的科学理论体系，就在于它始终围绕中国特色社会主义这个主题和主线，科学地回答了建设中国特色社会主义的思想路线、发展道路、发展阶段、发展战略、根本任务、发展动力、依靠力量、国际战略、领导力量和根本目的等问题，构成了内容相对完整、逻辑结构严密的理论体系，涵盖了马克思列宁主义三个组成部分，从而深化了我们对共产党执政规律、社会主义建设规律和人类社会发展规律的认识。

二、理解中国特色社会主义理论体系的历史地位

中国共产党在不断推进马克思主义中国化进程中，先后实现了两次历史性飞跃。第一次飞跃发生在新民主主义革命时期，中国共产党人经过反复探索，在总结成果和失败经验的基础上，找到了农村包围城市、最后夺取全国胜利的有中国特色的革命道路，并在革命胜利后积极探索适合我国国情的社会主义建设道路，形成了被实践证明了的关于中国革命和建设的正确的理论原则和经验总结，这就是毛泽东思想。第二飞跃发生在党的十一届三中全会以后，中国共产党人在总结我国经验和研究国际形势的基础上，成功开辟中国特色社会主义道路，形成了被实践证明了的关于在中国建设、巩固和发展社会主义的正确理论原则和经验总结，这就是中国特色社会主义理论体系。中国特色社会主义理论体系，是马克思主义中国化的最新理论成果。毛泽东思想和中国特色社会主义理论体系都是马克思主义同中国实际和时代特征相结合的产物，都是中国化的马克思主义，都是中国共产党集体智慧的结晶，都是党必须长期坚持的指导思想。它们之间是一脉相承的，又与时俱进的，是统一的科学思想体系。

中国特色社会主义理论体系是党和人民经过艰辛探索创立的，同马克思列宁主义、毛泽东思想既一脉相承又与时俱进。中国特色社会主义理论体系以马克思列宁主义、毛泽东思想作为自己的理论来源和

理论基础，它们的关系是活水与源头的关系，没有源头就不会有活水。因此，不能厚此薄彼，把中国特色社会主义理论体系与马克思列宁主义、毛泽东思想割裂开来，更不能用肯定中国特色社会主义理论体系来否定马克思列宁主义和毛泽东思想的当代价值。

中国特色社会主义理论体系是改革开放历史新时期我们党推进马克思主义中国化的伟大历史性创造，它是全党全国各族人民团结奋斗的共同思想基础，也是21世纪中华民族实现伟大复兴的根本指针。我们党提出，到建党一百年时建成经济更加发展、民主更加健全、科教更加进步、文化更加繁荣、社会更加和谐、人民生活更加殷实的小康社会，然后再奋斗三十年，到新中国成立一百年时，基本实现现代化，把我国建成社会主义现代化强国。这不但是给占世界总人口四分之三的第三世界走出了一条路，更重要的是向人类表明，社会主义是必由之路，社会主义优于资本主义。

如果没有近代以来的持续探索和积累，就不可能有今天中国特色社会主义的巨大成功。中国特色社会主义理论体系，还凝结着500年来人类对社会主义的孜孜追寻和执着探求。社会主义从空想到科学、从理论到实践、从一国实践到多国发展，可以说是一部气势恢宏、跌宕起伏的交响乐。尽管有过高潮与低潮、经历成功与挫折，但社会历史发展的总趋势没有改变，人类对美好生活的向往和追求从未止步。中国特色社会主义，是这部交响乐的重要乐章，它传承了社会主义的思想真谛，汲取了其他社会主义国家兴衰成败的经验教训，并紧密结合中国实际和时代特征，从而成就了中国道路，写出了新的理论篇章。从这个意义上说，中国特色社会主义理论体系，不仅对中国的发展具有根本的指导意义，而且对其他社会主义国家具有重要借鉴意义，这是我们党对世界社会主义运动的巨大贡献。

三、把握中国特色社会主义理论体系的灵魂

今天，我们学习中国特色社会主义理论体系，最重要的就是要把握这个科学理论体系的灵魂，即掌握这个理论体系所体现的马克思主义立场观点方法。具体来说，把握中国特色社会主义理论体系所体现的立场，就是要始终站在人民大众立场上，立党为公、执政为民，把服务群众、造福百姓作为最大责任。马克思、恩格斯在《共产党宣言》中明确提出共产党人始终坚持为无产阶级、为绝大多数劳动人民谋利益；列宁强调党是无产阶级的先进部队，要为人民群众服务、代表他们的利益；毛泽东同志提出共产党人必须全心全意为人民服务；邓小平同志把人民拥护不拥护、赞成不赞成、高兴不高兴、答应不答应作为衡量改革和一切事业的根本标准；江泽民同志提出中国共产党必须始终代表最广大人民根本利益；胡锦涛同志提出把最广大人民的根本利益作为贯彻落实科学发展观的根本出发点和落脚点，从中我们可以清楚地看到一条一脉相承又与时俱进的基本立场，即：始终站在人民大众立场上，一切为了人民、一切相信人民、一切依靠人民，诚心诚意为人民谋利益。这是马克思主义的根本出发点和落脚点。始终站在人民大众立场上，始终不脱离、不动摇这个立场，这是共产党人掌握马克思主义世界观的重大问题，因而也是我们广大党员干部学习贯彻中国特色社会主义理论体系要解决好的重大问题。

把握中国特色社会主义理论体系所体现的基本观点，就是要自觉运用辩证唯物主义和历史唯物主义的思想武器改造客观世界和主观世界，坚守共产党人的理想信念。要特别注意加强学习和掌握马克思主义关于人类社会发展规律及其历史趋势的基本观点，始终坚定中国特色社会主义信念和共产主义理想。马克思主义把唯物主义原则应用于社会历史领域，揭示了人类社会的发展同自然界一样是一个自然历史过程，社会基本矛盾的运动决定了社会主义必然代替资本主义。这个科学理想，激励和鼓舞了世界上一代又一代共产党人为之奋斗、为之流血牺牲。实践表明，共产党员坚定理想信念，必须努力学习和掌握辩证唯物主义和历史唯物主义的强大思想武器，把理想信念建立在理性认识的基础之上。现在，我们有些党员在矛盾面前畏缩不前，在困难面前悲观失望，在诱惑面前不能保持应有的纯洁以至腐败堕落，说到底是理想信念出了问题。从马克思主义关于人类社会发展规律的高度来认识当今世界的变化及其趋势，就能洞穿时代风云和历史迷雾，始终坚定自己的理想信念。把握中国特色社会主义理论体系所体现的根本方法，就是要坚持唯物辩证、实事求是、群众路线的思想方法和工作方法。唯物辩证的思想方法，就是客观地而不是主观地、发展地而不是静止地、全面地而不是片面地、系统地而不是零散地、普遍联系地而不是孤立地观察事物、分析问题、解决问题，在矛盾双方对立统一的过程中把握事物发展规律。实事求是，集中体现了马克思主义唯物的、辩证的认识论，是我们党始终坚持的根本思想方法。坚持实事求是，一个重要的要求就是敢于讲真话、讲实话。各级领导干部要勇于开展批评和自我批评，善于听真话，鼓励下级和群众讲心里话，反映真实情况。群众路线的工作方法，就是一切为了群众、一切依靠群众，从群众中来、到群众中去的群众路线，是马克思主义历史唯物主义基本原理在实际工作中的具体体现，是党始终坚持的根本工作路线和根本工作方法。各级党员干部要深刻认识密切联系群众的重要性，放下架子，扑下身子，深入实际、深入基层，从群众中寻找解决问题的方案和办法，使做出的决策和决策的执行充分体现民心民意，真正把广大群众凝聚在党和政府周围，为推动科学发展、促进社会和谐而共同奋斗。综上所述，中国特色社会主义理论体系以全新的视野深化了对共产党执政规律、社会主义建设规律、人类社会发展规律的认识，从理论和实践的结合上系统回答了在中国这样人口多底子薄的东方大国建设什么样的社会主义、怎样建设社会主义这个根本问题，通篇闪耀着马克思主义群众路线的立场、观点和方法，是我们建成小康社会，实现中华民族伟大复兴的根本指针。

第三节　不断接受马克思主义哲学智慧的滋养

在马克思主义理论学习中，习近平总书记特别强调，要充分重视马克思主义哲学的学习。他指出：我们党自成立起就高度重视在思想上建党，其中十分重要的一条就是坚持用马克思主义哲学教育和武装全党。学哲学、用哲学，是我们党的一个好传统。[①] 用正确的方法学

① 《习近平在中共中央政治局第十一次集体学习时强调推动全党学习和掌握历史唯物主义更好认识规律更加能动地推进工作》，载《人民日报》2013 年 12 月 5 日。

习掌握马克思主义哲学的精髓，与实践结合灵活运用，有效破解现实问题，也应是每个领导干部必须具备的“看家本领”。2017年7月26日，习近平总书记在省部级主要领导干部专题研讨班开班式上发表重要讲话强调，认识和把握我国社会发展的阶段性特征，要坚持辩证唯物主义和历史唯物主义的方法论，从历史和现实、理论和实践、国内和国际等的结合上进行思考，从我国社会发展的历史方位上来思考，从党和国家事业发展大局出发进行思考，得出正确结论。[①]

马克思主义理论是一个博大精深的思想体系，其内容包括哲学、政治经济学、科学社会主义等基本方面，并围绕人类社会发展各个领域中的重大问题做出了科学回答。在这一科学思想体系中，处于最高和最深层次的就是马克思主义哲学。马克思、恩格斯批判吸收以往哲学特别是德国古典哲学的积极成果，在新的历史条件下创立了马克思主义哲学，实现了哲学史上的根本变革，使哲学第一次具有了真正科学的性质，被称为“新唯物主义”；成为一种科学世界观和方法论。正是以这一科学世界观和方法论为指导，马克思、恩格斯对资本主义社会进行了深度的研究和批判，揭示了社会主义取代资本主义的历史必然性，并对未来社会主义社会的基本特征进行了分析和预测，使社会主义从空想变成科学。可以说，整个马克思主义思想体系都是以马克思主义哲学为指导建立起来的；要把握马克思主义思想体系，就必须把握马克思主义哲学。

---

① 《习近平在省部级主要领导干部“学习习近平总书记重要讲话精神，迎接党的十九大”专题研讨班开班式上发表重要讲话强调高举中国特色社会主义伟大旗帜为决胜全面小康社会实现中国梦而奋斗》，载《人民日报》2017年7月28日。

一、原原本本地研读原著

掌握马克思主义哲学离不开研读马克思主义的经典著作。习近平总书记对全党提出的要求就是“要原原本本学习和研读经典著作”。首先要选好经典文献。马克思主义的经典著作最为本源的就是马克思、恩格斯的著作。习近平总书记专门提到，可以把10卷本《马克思恩格斯文集》和5卷本《列宁专题文集》这两部文集作为党员干部学习马克思主义经典著作的权威性教材。他还指出，如果学有余力，或是为了更好地学习，可在这两个权威文集基础上，选择“代表性的篇目”研读。2012年新版的《马克思恩格斯选集》和《列宁选集》，都是学习马克思主义的经典文本。

在此基础上，要下大力气“原原本本地研读”，并且要把它作为科学体系来把握，不能“空对空”，必须要联系实际、联系历史、联系马克思主义中国化最新成果。也就是：既不能撇开原著，不读原著；也不能泛泛地读、一知半解地读；而是要认真把握原著的思想、观点、问题、写作背景、理论与实践脉络，以及其在思想史上的地位、影响和当代价值。正如习近平总书记所言：读马列、学毛著，要精，要原原本本地学、仔仔细细地读，下一番真功夫。只有原原本本、原汁原味地研读原著，才能为掌握马克思主义哲学打下坚实的基础。

同时，研读原著并不是仅仅为了把握原著的个别论断和思想，也不是只满足于片面地把握个别词句，而是要通过研读原著，全面把握马克思主义哲学的科学体系。马克思主义哲学是一个完整的科学理论体系，应在把握“科学理论体系”上下功夫，并从“科学理论体系”

角度贯通对马克思主义哲学精神实质的理解。除此之外，还应当结合每一个篇目产生和发展的历史背景，结合现实问题的历史脉络，结合马克思主义中国化的最新成果。唯有如此，才能读懂马克思主义哲学的具体内容和精神实质。

马克思主义哲学是开放的，它的产生和发展过程中，与不同思想的比较、对话、论战、批判从未停止。因而，真正掌握马克思主义哲学就应当以开放姿态与其他思想展开交流互鉴，并敢于批判和论战。习近平总书记提出，要“敢于亮剑”，要“主动发声”，要求对不同思想要敢于进行争论、敢于对话。这里的“敢于亮剑”和“敢于发声”，就是对错误的思想、错误的思潮，要分清理论是非，明白能者多劳，要敢于论战，勇于批判。同时，积极与其他思想展开比较对话，保持马克思主义哲学开放性品质，以开放的胸襟吸收一切古今中外积极的哲学成果，这也是学通马克思主义哲学、掌握好马克思主义哲学题中应有之义。

正因为马克思主义哲学具有特殊地位和作用，才在我们党的历史上得到了特殊的重视。我们党将马克思主义理论运用于中国具体实际的时候，并不是机械照搬马克思主义经典作家在特殊历史条件下得出的某些具体结论、做出的个别具体判断，而是注重从哲学高度把握马克思主义基本原理，并以此为指导探索解决中国革命、建设和改革中的重大问题。正是由于在理论上达到了这样一个高度，我们党才有可能创造性地开辟自己的道路，推动党和国家事业不断取得新的发展。在建设中国特色社会主义的新实践中，马克思主义哲学作为科学世界观和方法论，同样具有特殊重要的指导作用。对于许多新的重大问题，前不见来者，我们不可能从已有的本本上找到现成答案，也不能简单照搬以往的某些经验，而必须在实践中进行新的探索。这种探索是艰辛的，但不能是盲目的，而要以科学方法论为指导，马克思主义哲学正是这样的科学方法论。我们应该像习近平总书记所说的那样，“不断接受马克思主义哲学智慧的滋养”，运用这一智慧攻坚克难、开拓创新，将中国特色社会主义事业不断推向前进。

二、活学活用马克思主义哲学

“学之愈深，信之愈坚；信之愈坚，行之愈笃”。读懂了马克思主义哲学原著，说起来头头是道，但“不能消化”“不能运用”来解决现实问题，就是“读死书”，仍然是不行的。习近平总书记在多次讲话中均反对理论与实践相脱节地学习哲学，他认为，学习马克思主义哲学必须做到“真学”与“真懂”“真信”“真用”的统一，学习马克思主义哲学必须要与当前深化改革 的具体实践相结合。

所谓真学，就是“原原本本”研读原著，认真领会马克思主义哲学的思想内涵和主旨要义。所谓真懂，就是真正深入思考，融会贯通，掌握马克思主义世界观和方法论，真正搞懂马克思主义哲学的基本内容和精神实质，“不断增强工作的原则性、系统性、预见性、创造性”。所谓真信，就是真正信仰马克思主义，信仰坚定、行动自觉，把对马克思主义哲学的理性认识升华、内化为政治信仰和党性原则。所谓真用，就是结合实际、学以致用，在改造客观世界和主观世界上下功夫，用马克思主义哲学的立场、观点和方法指导实践，分析和解决现实生活中遇到的问题。真学、真懂、真信、真用，四者辩证统一，构成了一个整体，学好马克思主义哲学，用好马克思主义哲学，必须将“四真”的精神运用始终。

运用马克思主义哲学必须要与当前全面深化改革的具体实践相结合，以解决当前的改革实践中的核心问题为中心。具体而言，习近平总书记阐述了四个方面的结合：其一，用马克思主义哲学的社会存在论阐述我国的基本国情和党现阶段的理论路线方针政策之所以正确的社会存在基础；其二，用马克思主义哲学的社会基本矛盾分析法分析社会基本矛盾和全面深化改革的必要性；其三，用马克思主义哲学的物质生产是社会生活的基础的观点把握全面深化改革的重大关系，增强各项改革的关联性、系统性、协同性。其四，用马克思主义哲学的群众史观处理好激活改革动力，发挥地方、基层、群众理论和实践探索精神，不断深化对改革规律的认识。这些问题，为我们在改革实践中学习和运用马克思主义哲学提供了方向和思路。

同时，坚持正确的认识论和群众观，相信人民群众的实践经验和实践智慧，往往是马克思主义理论创新的先导。要在实践中尊重人民群众的实践探索，及时总结升华提炼规律，为马克思主义哲学的理论创新提供条件。因而，用好马克思主义哲学这一看家本领，需要我们依群众实践发展、创造性推动马克思主义哲学理论创新。

三、与掌握其他本领相结合

在习近平总书记看来，掌握马克思主义哲学、掌握历史唯物主义的世界观方法论，对于党员干部来说，是第一位的，因为这关系到对党的性质和宗旨的认知，关系到党员干部的理想信念和政治方向，也关系到社会主义事业是否变质、是否能永葆活力。

但是，只有这个本领还不行、还不够，还需要具体的从事市场经济、民主政治、先进文化、和谐社会、生态文明建设和总揽协调、团结群众、反腐拒变等本领。因此，马克思主义哲学这一本领的掌握也应当与其他本领的掌握结合起来。在掌握其他本领中，理论联系实际，思想见之实践，既运用马克思主义哲学的立场、观点和方法分析解决具体领域中的问题，同时也通过具体领域本领的掌握，提升运用马克思主义哲学分析解决具体问题的能力。习近平总书记强调，应将掌握马克思主义哲学这一本领与掌握其他本领结合起来，将理论教育、党性教育和知识教育、领导能力教育结合起来，提高领导干部的各方面的能力和本领。

针对有些领导干部用事务主义和实用主义的态度对待马克思主义哲学的学习，习近平总书记多次告诫全党特别是领导干部，必须克服狭隘的事务主义和实用主义，发扬“挤”和“钻”的精神来掌握马克思主义哲学。所谓“挤”，就是挤时间，把工作生活的时间“挤一些”出来，用来学理论；所谓“钻”，就是面对理论问题，要有刻苦钻研的精神。坚持“挤”和“钻”的精神，发扬持之以恒和理论联系实际的学风，各级党员干部就一定能提升自己的理论思维能力，就一定能掌握马克思主义哲学这一看家本领。

第四节　坚持学而信、学而思、学而行

马克思主义是指导我们事业的理论基础，也是每一个共产党人坚不可摧的精神支柱。《关于新形势下党内政治生活的若干准则》强调，全党同志必须把对马克思主义的信仰、对社会主义和共产主义的信念作为毕生追求，在改造客观世界的同时不断改造主观世界，解决好世界观、人生观、价值观这个“总开关”问题。党员不仅要在组织上入党，而且要在思想上入党。思想上入党很重要的一个方面就是要牢固确立马克思主义信仰，真正成为马克思主义的坚定信仰者和忠实实践者。

一、坚持学而信

坚定马克思主义信仰，首先要搞清楚中国共产党为什么选择了马克思主义，我们为什么要信仰马克思主义。

一是马克思主义是迄今为止最科学、最严密、最有生命力的理论体系。列宁指出：“马克思学说具有无限力量，就是因为它正确。”[①]马克思主义是在批判地吸收前人一切优秀思想成果、总结人类以往历史经验的基础上创立的科学理论，是人类优秀文明成果的集大成，它深刻揭示了自然界、人类社会和思维发展的普遍规律。在人类思想史

① 《列宁选集》第4卷，人民出版社1995年版，第310页。

上，就科学性和真理性而言，还没有一种思想理论能达到马克思主义的高度，还没有一种学说像马克思主义那样对世界历史产生如此巨大的影响。甚至一些并不认同共产主义的人也承认，马克思主义是人类文明史上不朽的思想丰碑。就在本世纪来临的时候，马克思被西方思想界评为“千年第一思想家”。美国知名学者海尔布隆纳在他的著作《马克思主义：赞成与反对》中明确表示，要探索人类社会发展的前景，必须向马克思求教，因为就整体性而言，人类社会至今仍然生活在马克思所阐明的发展规律之中。邓小平同志曾坚定地说：“我坚信，世界上赞成马克思主义的人会多起来的，因为马克思主义是科学。”[①]

二是马克思主义为我们提供了认识和改造世界的科学方法。马克思主义具有鲜明的实践品格，它不满足于“解释世界”，而认为“问题在于改变世界”。列宁曾说过，马克思“把伟大的认识工具给了人类，特别是给了工人阶级”[②]。这个伟大的认识工具，就是辩证唯物主义和历史唯物主义。唯物辩证法和唯物史观深刻揭示了事物的本质、内在联系及发展规律，为人类把握事物发展规律、解决面临的实际问题提供了科学指南。毛泽东同志形象地把它比喻为“望远镜”和“显微镜”。正是因为有了这个“望远镜”和“显微镜”，我们才能深刻认识世界的本质、理解人与外部世界的关系，才能洞察人类社会发展规律、把握历史发展大势。马克思主义从理论走向变革现实的实践，深刻改变了人类社会发展，有力地推动了世界历史进程。对于人类认识世界、改造世界来说，迄今为止，还没有哪一种理论能够比马克思

① 《邓小平文选》第3卷，人民出版社1993年版，第382页。
② 《列宁选集》第2卷，人民出版社1995年版，第443页。

主义更实用更管用。

三是马克思主义代表了最广大劳动群众的根本利益。马克思、恩格斯都出身于资产阶级家庭，但他们却没有为资本主义辩护，而是反对少数人的统治，反对人剥削人的制度。他们在《共产党宣言》中指出："过去的一切运动都是少数人的或者为少数人谋利益的运动。无产阶级的运动是绝大多数人的、为绝大多数人谋利益的独立的运动。"[①] 可以说，历史上从来没有一种理论像马克思主义那样，与工人阶级和劳动人民的命运如此紧密地联系在一起。正因为这样，马克思主义一经产生，就"在世界的一切文明语言中都找到了拥护者"。诺贝尔文学奖获得者、德国著名作家海因里希·伯尔在谈到19世纪以来的历史巨变时说："没有马克思，没有工人运动，当今世界六分之五的人口将依然还生活在半奴隶制的阴郁状态之中。"在中国，正是由于我们党在马克思主义指导下建立起社会主义制度，人民群众才真正掌握了自己的命运、成为国家和社会的主人。

四是马克思主义科学预测了未来社会的理想状态，指明了人类社会的发展方向。从人类诞生之日起，特别是进入阶级社会以后，面对各种不合理的状况，就有人在苦苦探寻理想的社会状态。马克思、恩格斯在批判旧世界的基础上，对未来社会作了科学设想，揭示了人类走向共产主义的历史必然性。在共产主义社会，没有剥削、没有压迫、人人平等，这理所当然地成为人类梦寐以求的最美好的社会理想。中国共产党和中国人民之所以选择马克思主义，很重要的一条就是他们

---

① 《马克思恩格斯选集》第1卷，人民出版社2012年版，第411页。

描绘的社会理想符合人类社会发展进步方向，与中国传统文化高度契合。2000多年前，我国古代儒家经典《礼记》中就有对理想的大同社会的描述，如“老有所终，壮有所用，幼有所长，鳏寡孤独废疾者皆有所养”等。正是因为我国大同社会的理想与马克思主义所设想的共产主义有某种意义上的共通之处，使马克思主义在中国获得了广泛的文化和心理认同。

追求真理、坚持真理、实践真理，是马克思主义政党极其宝贵的品质，也是其永葆先进性和纯洁性的根本所在。我们党之所以能够由小到强不断发展壮大，不断从胜利走向新的胜利，就在于我们党一开始就以马克思主义这一科学真理为信仰，作为一切思想和行动的指南。

二、坚持学而思

信仰马克思主义，就要坚持马克思主义，就要自觉运用马克思主义指导实践。马克思主义的本本很多，我们所要坚持的，不是哪一个具体的论断，也不是要教条式地固守某些个别结论。马克思本人十分厌恶对他的理论“奴隶式的盲目崇拜”和“简单模仿”。坚持马克思主义，首先必须分清哪些是必须长期坚持的马克思主义基本原理，哪些是需要结合新的实际加以丰富发展的理论判断，哪些是必须破除的对马克思主义的教条式理解，哪些是必须澄清的附加在马克思主义名下的错误观点。

马克思主义是宏大而完备的科学理论体系，坚持马克思主义，最重要的是坚持马克思主义基本原理和贯穿其中的立场、观点、方法。

这是马克思主义当中最重要的部分和活的灵魂，是经过历史和实践检验的理论珍品，是放之四海而皆准的真理。

坚持马克思主义基本原理，就是坚持马克思主义哲学、政治经济学、科学社会主义的基本原理、基本判断、基本结论。马克思主义哲学包括辩证唯物主义和历史唯物主义。辩证唯物主义围绕回答哲学基本问题，形成了世界物质统一性原理、事物矛盾运动原理、认识能动反映原理等基本原理。把唯物辩证法运用到社会历史领域，形成了社会存在决定社会意识、生产力决定生产关系、经济基础决定上层建筑、人民群众是历史创造者等历史唯物主义基本原理。马克思主义政治经济学围绕研究在一定生产力状况基础上的社会生产关系及其发展规律，揭示了资本主义的秘密和本质、无产阶级与资产阶级之间对立的根源、资本主义为新的社会形态所替代的必然，形成了劳动价值理论、商品生产和商品交换理论、剩余价值理论、资本积累理论、资本流通和社会资本再生产理论、资本主义经济危机理论、垄断资本主义理论、未来社会经济特征和社会主义经济理论，等等，其中最核心的是劳动价值理论和剩余价值理论。科学社会主义在深入剖析资本主义社会及其生产方式的基本矛盾基础上，揭示了资本主义社会必然被社会主义社会所代替的历史发展趋势，形成了人类社会由资本主义向社会主义、共产主义的进化和发展是一个客观自然历史进程的理论，等等。马克思主义这些基本原理，已经被历史和实践所证明，依然是我们今天认识和把握社会发展规律、判断历史发展趋势的科学指南。

坚持马克思主义立场，就是坚持无产阶级和广大人民群众的立场。马克思主义认为，无产阶级政党的一切理论和奋斗都致力于实现以劳动人民为主体的最广大人民的根本利益，把全人类解放和人的全面发展作为最高价值追求。坚持马克思主义立场，就要始终坚持一切为了人民、一切相信人民、一切依靠人民，全心全意为无产阶级、始终为绝大多数劳动人民谋利益。是否坚持这一立场，是检验马克思主义政党先进性和纯洁性的根本标准，也是用以判断马克思主义和非马克思主义的试金石。

坚持马克思主义观点，就是坚持马克思主义用以认识问题、分析问题、解决问题时所一贯坚持的基本观点。包括实践的观点、辩证的观点、矛盾的观点、历史的观点、发展的观点、阶级的观点、群众的观点，等等。这些观点永远是我们认识事物、处理问题的基本遵循，永远不会过时。

坚持马克思主义方法，就是坚持一切从实际出发、理论联系实际、实事求是、具体问题具体分析、在实践中检验真理和发展真理等基本方法。马克思主义认为，要客观地而不是主观地、发展地而不是静止地、全面地而不是片面地、系统地而不是零散地、普遍联系地而不是孤立地观察事物、分析问题、解决问题，在矛盾双方对立统一的过程中把握事物发展规律。马克思列宁主义强调认识和研究任何问题都不能从思想原则出发，而只能是一切从实际出发，理论联系实际，使思想认识跟着客观实际的变化而变化，在实践中认识真理、发展真理，在解放思想、与时俱进中坚持真理、修正错误。

坚持马克思主义，当然包括用发展的眼光看待马克思主义，坚持发展着的马克思主义。马克思主义最鲜明的理论品格、最突出的理论优势就是与时俱进。在推进马克思主义创新发展上，中国共产党是成功的范例。党的十八大以来，习近平总书记发表的一系列重要讲话，是对马克思主义的坚持和发展，是马克思主义中国化的重要成果，而且是离我们最近的、最鲜活的马克思主义。2017 年 7 月 26 日，习近平总书记在省部级主要领导干部专题研讨班开班式上发表重要讲话强调，我们党是高度重视理论建设和理论指导的党，强调理论必须同实践相统一。我们坚持和发展中国特色社会主义，必须高度重视理论的作用，增强理论自信和战略定力。在新的时代条件下，我们要进行伟大斗争、建设伟大工程、推进伟大事业、实现伟大梦想，仍然需要保持和发扬马克思主义政党与时俱进的理论品格，勇于推进实践基础上的理论创新。[①]

三、坚持学而行

马克思主义没有也无法穷尽所有真理，必须随着时代、实践、科学的发展而不断发展。坚持马克思主义，就要紧密结合中国特色社会主义最新实践，立足“五位一体”总体布局和“四个全面”战略布局，以我们正在做的事情为中心，不断回答好改革开放和社会主义现代化建设进程中的重大理论和实践问题，写好 21 世纪中国的马克思主义新篇章。

构建当代中国价值理念、塑造中国精神。一个国家没有赖以维系

---

① 《习近平在省部级主要领导干部“学习习近平总书记重要讲话精神，迎接党的十九大”专题研讨班开班式上发表重要讲话强调高举中国特色社会主义伟大旗帜为决胜全面小康社会实现中国梦而奋斗》，载《人民日报》2017 年 7 月 28 日。

的精神纽带，没有共同坚守的价值理念，这个国家和民族就不能立起来、强起来。改革开放以来，人们的物质生活有了翻天覆地的变化，精神世界也发生了前所未有的巨变。一方面，人们的思想观念更加解放，创新创造活力更加旺盛，积极健康向上的思想意识成为社会思潮的主流；另一方面，人们思想活动的独立性、选择性、多变性、差异性也在增强，价值取向日趋个性化、多元化，特别是思想道德领域出现了一些不容忽视的现象。如何把马克思主义与中华优秀传统文化有机结合起来，在坚持马克思主义的同时坚持社会主义先进文化前进方向，深入挖掘优秀传统文化的精髓并赋予时代内涵，构筑当代中国人民的价值理念和人文精神；如何深入阐释社会主义核心价值观，引导人们树立正确的历史观、民族观、国家观、文化观、道德观，增强社会凝聚力；如何阐释中国梦的思想内涵、实践要求、现实路径，使中国梦融入每一个中国人心灵深处，成为实现“两个一百年”奋斗目标、实现中华民族伟大复兴的强大精神动力，这些都是发展 21 世纪中国的马克思主义必须回答好的重大课题。

发挥市场在资源配置中的决定性作用和更好发挥政府作用问题。把社会主义基本制度与市场经济结合起来，是中国共产党人对科学社会主义的创造性发展。经过多年的探索和实践，我们已经建立起社会主义市场经济体制，创新性地解决了经济发展的动力和效率问题。但如何在社会主义条件下更好地发展市场经济，还有许多未知的“必然王国”，还有许多理论和实践问题尚未解决。要认真总结我国建立社会主义市场经济体制的成功经验，立足社会主义市场经济发展的新形势、新问题，紧紧围绕政府和市场、公平和效率、公有制和非公有制、经济发展和环境保护等重大问题，深入研究市场经济的本质和社会主义的制度优势，研究如何把“看得见的手”和“看不见的手”深入这两种手段更好结合起来，分析比较其他国家经济发展的经验教训，从理论概括上提炼社会主义市场经济的基本规律，为深化经济体制改革、加快完善社会主义市场经济体制提供理论指导。

处理好当代中国与当今世界关系。随着世界经济全球化深入发展和我国全方位对外开放，随着我国从世界舞台的边缘走近世界舞台的中央，我们所面临的国际环境和需要处理的国际关系的复杂性更胜以往，远非马克思主义经典作家所能想象。如何统筹国内国际两个大局，既坚持和平发展道路又妥善化解来自外部的各种风险和挑战，为实现中国梦营造和平发展的国际环境，维护和延长我国发展难得的重要战略机遇期；既坚持立足国内、自力更生又不断扩大对外开放、充分借助国际市场，利用国际上一切可利用的资源发展自己；既坚持社会主义的制度和意识形态又不以制度和意识形态画线，不搞对抗，积极发展与世界各国的关系，构筑人类命运共同体，等等，都需要有科学的理论作支撑。必须以更加宽广的世界眼光，洞察当今世界发展大势的“变”和“不变”，正确把握我国所处的历史方位和国际方位，科学分析当代大国博弈的特点和走势，深入研究当今世界与当代中国的双向互动，密切跟踪国际政治经济发展新特点、国际格局演变新趋势，做出新的理论思考、提出新的战略判断，推动我国对外工作理论和实践创新，丰富和发展具有中国特色和时代特点的马克思主义国际关系理论。

保持党的先进性纯洁性、提高党的创造力凝聚力战斗力。我们党是一个党员数量众多的大党，又是长期执政的老党，如何把这么一个大党老党建设好、管理好，是需要我们不断做出回答的历史性课题。特别是党执政的国际环境、经济基础、社会条件、文化条件、信息条件等正在发生广泛而深刻的变化，党面临的“四大考验”“四种危险”是长期的、复杂的、严峻的，加强党的建设的任务比以往任何时候都更加繁重而艰巨。必须按照党要管党、从严治党的要求，紧紧围绕思想建党和制度治党两大重点，围绕提高党的执政能力和执政水平、提高拒腐防变和抵御风险的能力这两大历史课题，牢牢把握加强党的执政能力建设、先进性和纯洁性建设这条主线，从伟大事业和伟大工程的互动联系上，总结国内外政党兴衰成败的经验教训，探索新形势下执政党建设规律，丰富马克思主义党建理论，为新的历史条件下加强党的思想建设、组织建设、作风建设、反腐倡廉建设和制度建设提供科学指南。

第四章
坚定共产主义理想不动摇

纵观历史、放眼世界，一个政党有没有科学的信仰和坚定的信念，并能否始终如一地坚持这种理想和信念，决定了这个党能不能在政治舞台上长盛不衰，能不能在历史长河中破浪前行。现在，我们处在全面建成小康的决胜阶段，历史给当代中国共产党人提供了前所未有的机遇，同时带来巨大的考验和责任。能够把握机遇，乘势而上，就会为民族复兴做出历史性贡献；相反，如果应对失当，则会丧失时机，愧对先人与后代。局面如此复杂，任务十分繁重，各种各样的问题都要统筹兼顾、周密解决，但是首要的还是要解决理想信念的问题。只要共产主义理想不动摇，就能够在探索中克服一个个困难，实现民族复兴的关键一跃。

第一节　实现共产主义是我们共产党人的最高理想

无论过去、现在和将来，共产党人永远姓“共”，不讲共产主义的人不是真正的共产党人。丢掉共产主义理想，就失去最终目标，就会造成极大思想混乱，就一定会出现倒退。中国共产党人追求的共产主义最高理想，只有在社会主义充分发展和高度发达的基础上才能实现。我们党一成立，就信仰马克思主义、追求共产主义理想，90多年来不同阶段的奋斗，实质上都是共产主义事业的组成部分。中国共产党人为共产主义奋斗的历程，从1921年到1949年，是民主革命阶段；从1949年到2050年，是社会主义初级阶段。目前我们正处于这个阶段的关键时刻，到2020年要努力全面建成小康社会，并继续前进，实现社会主义现代化。届时，我国社会主义将摆脱不发达状态，进入比较发达的阶段，然后还要继续奋斗，逐步实现共产主义远大理想。

一、把共产主义理想建立在对科学理论的理性认同上

党的十九大报告指出："共产主义远大理想和中国特色社会主义共同理想，是中国共产党人的精神支柱和政治灵魂，也是保持党的团结统一的思想基础。""自觉做共产主义远大理想和中国特色社会主义共同理想的坚定信仰者和忠实实践者。"共产主义作为人类的伟大理想并不是凭空产生的，而是具有深刻的社会基础。习近平总书记强调，要"把理想信念建立在对科学理论的理性认同上，建立在对历史规律的正确认识上，建立在对基本国情的准确把握上，不断增强道路自信、理论自信、制度自信"①。这为我们在新形势下坚定共产主义理想信念指明了努力方向，提供了重要遵循。

① 习近平：《在同各界优秀青年代表座谈时的讲话》（2013年5月4日），载《人民日报》2013年5月5日。

马克思、恩格斯的研究证明，人类社会的发展是一个不以人的意志为转移的自然历史过程。奴隶制是历史上最野蛮的剥削制度，但是在劳动生产率还很低下的条件下，它又是人类社会发展所必须经过的社会形态，没有奴隶制就不可能有现代社会。奴隶社会的生产方式发展到一定程度，它的生产力就产生了消灭它自身的物质手段，铁器、牛耕以及新的耕作制度的出现，与自给自足的个体生产相适应，并在小农经济基础上产生了封建制度。与之相同，资本主义制度又是在封建社会所积累的文明成果的基础上产生的，并成为私有制社会的最高形式。资本主义生产方式的历史作用在于把个体的小生产转变为社会化大生产，也正是凭借猛烈增长的社会化生产力资本主义最终战胜了封建制度，确立了资产阶级的统治地位。但是，社会化大生产与私有制在性质上是不能相容的，资本主义曾经用以推翻封建制度的武器，不可避免地要转而成为对准资本主义自己的武器，代替资本主义社会的将是建立在与社会化生产力相适应的公有制基础上的新的社会形态——社会主义和共产主义。

19 世纪上半叶，资本主义的发展进入了一个历史转折时期。一方面产业革命促进了生产技术和生产力的迅猛发展，另一方面社会化的生产和资本主义私人占有的矛盾已经发展到剧烈对抗不可调和的地步，它周期性地爆发而根本无法解决。这就一方面创造出一个富有的工业资本家阶级，另一方面又创造出一个贫困的产业工人阶级。马克思、恩格斯通过对整个人类历史特别是对资本主义社会的研究，发现了唯物史观和剩余价值学说，奠定了科学社会主义的理论基石，使社会主义从空想变为科学。运用唯物史观分析人类社会发展的历史过程，马克思、恩格斯深刻揭示了生产力与生产关系、经济基础与上层建筑的矛盾运动规律。当一种社会制度适应生产力发展要求的时候，它就会对生产力和整个社会的发展起推动作用，而当它与生产力发展要求不相适应的时候，就会对生产力和整个社会的发展起阻碍作用，这时它就会走向衰落和灭亡，被适合生产力发展要求的新的社会制度所代替。这在人类历史上第一次把对历史发展的认识建立在唯物主义的基础上，揭示了人类社会发展的客观规律。马克思主义经典作家还第一次科学说明了资本主义和其他社会一样，都有其产生、发展、灭亡的历史必然性。是否以社会化生产力作为理论与实践的出发点，是科学社会主义与空想社会主义最后的、根本的分界线。科学社会主义理论之所以是科学的，就在于它不带任何主观随意性，而是从社会发展的最终决定力量即生产力发展的客观要求出发，得出结论说明社会主义是资本主义自发力量推动下社会化生产力发展的必然结果。

资本主义制度是适应社会化生产的要求而产生的，这种制度的确立曾经极大推动了生产力的发展。马克思、恩格斯指出："资产阶级在它的不到一百年的阶级统治中所创造的生产力，比过去一切世代创造的全部生产力还要多，还要大。"[①] 但是由于资本主义生产方式中包含着无法克服的矛盾，即社会化生产同生产资料私人占有之间的矛盾。社会化生产越是向前发展，它与私有制的矛盾就越尖锐，这时社会化的生产力就要打破这种过时的生产关系，建立以公有制为基础的

① 《马克思恩格斯选集》第1卷，人民出版社1995年版，第277页。

社会主义生产关系，这就决定了资本主义必然被社会主义所代替，决定了社会主义的胜利和资本主义的灭亡是同样不可避免的。

社会的发展像自然界的发展一样，具有自己的客观规律。如果认识了这些规律，就能为我们理解过去、把握现在和展望未来提供科学指导。在马克思主义产生以前，人们对未来社会的预见之所以带有浓厚的神秘性质、陷入纯粹空想，就是因为他们不懂得人类社会的发展规律。马克思、恩格斯揭示了人类社会发展的一般规律和资本主义社会发展的特殊规律，从而为展望未来社会提供了科学依据。正如列宁所说："马克思提出共产主义的问题，正像一个自然科学家已经知道某一新的生物变种是怎样产生以及朝着哪个方向演变才提出该生物变种的发展问题一样。"①

二、共产主义运动在实践中前进

马克思、恩格斯创立的共产主义理论与当时正在兴起的工人运动相结合，形成了争取实现共产主义的国际共产主义运动。它最先出现在欧美少数国家，经过一个多世纪的发展，现已遍及世界各大洲和大多数国家，团结和影响着数以亿计的无产阶级和人民大众，汇成了不可阻挡的浩荡世界潮流。这充分说明，为共产主义伟大事业而奋斗，绝不是什么与现实无关的事情，而是极具现实性和现实意义的社会思潮和社会运动，直接与广大群众的利益和行动紧密联系在一起。马克

① 《列宁选集》第3卷，人民出版社1995年版，第187页。

思、恩格斯认为，社会主义社会只是共产主义社会的第一阶段，人类社会真正的理想境界是共产主义社会形态。共产主义不仅能够把人从私有制统治下解放出来，而且能够为人的自由而全面的发展开辟无限广阔的前景。一切民族，不管他们所处的历史环境如何，注定都要走上这条道路，以便最后都达到在保证社会劳动生产力极高度发展的同时又保证人类最全面的发展这样一种经济社会形态。

马克思、恩格斯指出，生产力的普遍发展带来世界交往的普遍发展，各民族的历史将从国别史转变为世界历史。而共产主义的实现正是以生产力的普遍发展和世界交往的日益广泛为前提的。共产主义不可能是地域性的，共产主义革命只能是世界性的革命。大工业使所有文明国家的社会发展大致相同，以致在所有国家，资产阶级和无产阶级都成了社会上两个起决定作用的阶级，而这两大阶级之间的斗争也成了主要的斗争。因此，共产主义革命将不是仅仅一个国家的革命，而是将在一切文明国家里，至少在英国、美国、法国、德国同时发生的革命。

马克思、恩格斯认为，随着废除私有制和普遍实行共产主义原则，民族国家将逐渐自行消亡。国家不是“被废除”的，它是自行消亡的。那时，原先国家政权对社会关系的干预在各个领域中将先后成为多余的事情而自行停止下来，对人的统治将由对物的管理和对生产过程的领导所代替。与国家的消亡相联系的是阶级和阶级对立、旧的社会分工和城乡差别的逐步消除，人与自然的对立以及人的自我异化的逐步消除。“代替那存在着阶级和阶级对立的资产阶级旧社会的，将是这样一个联合体，在那里，每个人的自由发展是一切人的自由发展的条件。”[1]

马克思主义创始人关于未来社会的论述，是建立在分析批判资本主义的基础上的，是在“批判旧世界中发现新世界”，因此，只是站在资本主义制度的对立面上指明了人类社会未来发展的总趋势，而不可能为历史的具体演进提供一套先验的模式，也不可能给未来社会规定具体的细节。但是，他们的论述无疑又是建立在严密的科学推论基础上的，依靠强大的逻辑力量令人信服，显示出无可辩驳的科学性。

共产主义要在生产力高度发展的基础上，达到物质产品的极大丰富、人们思想境界的极大提高和每个人的自由全面发展，它的实现将是一个很长的历史过程，需要经历若干既相连接又相区别的阶段。在《哥达纲领批判》中，马克思、恩格斯曾经预测过取代资本主义的未来社会将经历“过渡时期”，经历共产主义“第一阶段”和“高级阶段”。列宁把共产主义“第一阶段”称作社会主义社会，并进一步认为社会主义也将经历若干阶段，提出了“初级形式的社会主义”等概念。综合马克思主义经典作家的论述，共产主义的实现，从大的阶段来说，首先必须建立无产阶级的革命政党，动员和组织群众通过革命斗争取得政权，接着要经过一个从资本主义到社会主义的过渡时期，然后再经过社会主义建设最终实现共产主义社会。这个过程本身就很漫长，特别是在中国这样经济文化比较落后的东方国家，这个过程要比西方发达国家经历的时间更长，所面临的任务也更为艰巨复杂，需要我们付出极其巨大的努力。

---

① 《马克思恩格斯选集》第1卷，人民出版社1995年版，第273页。

共产主义是我们的最高奋斗目标，社会主义是共产主义的第一阶段，这两者无论在理论逻辑、实践逻辑还是历史逻辑上都不矛盾，是相互联通的。我们当前做的是社会主义初级阶段的事情，但不能忘记初衷，不能忘了我们的最高目标。没有远大理想指引，现实道路会迷失方向；而没有现实道路支撑，远大理想也会变成空想。坚持和发展中国特色社会主义，像“愚公移山”那样矢志不移，就一定能在实现中华民族伟大复兴中国梦的基础上，一步步地实现我们的远大理想。反之，如果共产党人都没有了信仰、缺少了理想，或信仰理想不坚定，就必然会行苟且之事，会导致政治上变质、经济上贪婪、道德上堕落、生活上腐化。不但共产主义远大理想无法实现，就连我们当前做的事情也会出现偏差，甚至半途而废。共产主义远大理想，同我们当前干的中国特色社会主义事业，就是如此紧密地联系在一起。

社会主义代替资本主义，比封建社会代替奴隶社会、资本主义社会代替封建社会都要困难得多。要完成这样的伟大变革，必然要经历无数险阻、克服重重困难。回顾社会主义发展过程，不难发现，社会主义的成功与挫折之间也是有规律可循的。这个规律就是：社会主义发展的每个历史时代都有其要解决的时代课题，在这个时代课题获得解决之前，社会主义必然要经过反复探索，寻求正确的途径和方法。在寻求过程中，往往会发生各种失误，甚至有重大的挫折和失败。而有了这些挫折和失败，又能促使人们深刻地思索失败的原因和教训，再次寻求正确的道路和方法。一旦这个正确的道路和方法找到了，社会主义事业就获得突飞猛进的发展，甚至出现历史性的飞跃。

社会主义在发展进程中出现某些暂时的挫折和失败是难以避免

的，关键是我们以什么样的态度来对待。如果像第二国际领袖和前苏东国家的某些领导人那样，在困难和挫折面前悲观失望，在社会主义发展攻坚克难的关键时刻不战而降，乞灵于民主社会主义和资本主义，就会葬送社会主义事业。历史证明，只有认真分析困难和挫折发生的原因和教训，一步一步、一点一点地解决社会主义发展进程中所面临的新问题，就一定能在实践中发展马克思主义，把社会主义大踏步向前推进。

三、坚定自觉地为共产主义理想而奋斗

世界上有些人认为，经济全球化的结果将是资本主义的全球化，资本主义就是人类终极的社会制度。一晃几十年过去，历史作为一个公正的裁判员，无情地驳斥了这种梦呓。

资本主义生产方式在创造财富的同时不可能也没有带来普遍繁荣和共同富裕，而是带来贫富两极分化，近几十年来，这种分化程度无论在一国内部还是在国际范围内都日益加剧。比如，科技的进步和生产自动化水平的提高，本可使机器取代人工，减轻人们体力劳动的强度、使人享有更多休闲时光，但在资本主义制度下，机器创造的财富归资本家占有，多数人面临的却是被夺走工作岗位的压力。资本的贪婪本性和冒险性使世界变成一个大赌场，虚拟资本、金融投机成为一种超级赚钱产业，孕育着巨大风险。资本主义制度不可避免地制造着贪婪、腐败和不公正，使全世界面临大量难以解决的社会问题，诸如恐怖主义、宗教极端主义、毒品、走私、暴力犯罪等问题，都严重困

扰着各国政府，威胁着人们的正常生活。资本唯利是图的本性、生产无限扩大的趋势以及整个社会生产的无政府、无组织状态，还造成日益严重的资源、环境问题。越来越多的人认识到，资本主义生产方式与人类基本生存条件之间存在着对抗性矛盾，这种生产方式不改变，人类就没有前途。

当我们说到资本主义时，它从来就不是单纯的经济制度，它同时还是政治制度，西方国家的政治无论看上去多么民主，都是表面的、形式上的民主，都改变不了资本统治的本质。在美国，2008 年的金融危机源于金融寡头的贪婪无度，危机不仅造成大量美国家庭破产，而且殃及全球。但危机爆发后，美国政府却被迫拿纳税人的钱注资救助那些大银行、大公司，而危机过后也没有任何责任追究，奥巴马政府提出的金融监管法案随着其总统任期的结束最后也无果而终，原因就在于在美国是金融资本掌握着国家经济的核心和命脉，“大到不能倒”。在世界上，美国总是标榜自己的民主制，从来就是把西式民主制度与自由市场经济捆绑输出的，结果给那些依计而行的国家和地区带来政治纷争不断、政局动荡不已、国家软弱涣散。

资本主义生产方式和社会制度以攫取财富为唯一目的，把少数人和少数国家的富裕建立在大多数人和大多数国家的贫困之上，在生产着财富的同时也生产着贪婪、腐败和不公正，不断地制造着对抗、危机、冲突甚至战乱，存在着自身不可克服的对抗性矛盾，是注定没有前途的。历史的辩证法告诉我们，资本主义表面的兴旺发达，不过是在为它被新事物取代铺平道路。事实上，当今世界包括发达资本主义国家所发生的一切具有进步意义的发展变化，都有利于社会主义和共产主义的成长。科学技术和生产力的革命性飞跃使人类迎来“地球村”时代，单个国家的历史转变为世界历史的物质技术基础日益充分。劳动生产率的提高和产业结构的变化使工人阶级“贫困的积累”不断加重，将把他们变成更加觉悟、更具影响力的社会力量。社会生产组织方式的日益发展完善，将为扬弃资本主义私有制准备日益完备的条件。而全球性挑战的日益增多，将迫使人们采取共同行动加以应对，进而实质性地构建“人类命运共同体”。

我们是马克思主义者，马克思主义的基本原理一定不能丢，丢了就丧失根本；我们是共产主义者，一定要坚定共产主义理想信念，否则就会迷失方向。正如习近平总书记指出的那样，我们现在做的是社会主义初级阶段的事情，但不能忘记我们的最高奋斗目标，不能因为实现共产主义理想是一个漫长的过程就认为那是虚无缥缈的海市蜃楼。在理想信念问题上，不能含糊其辞、语焉不详。“土能浊河，而不能浊海；风能拔木，而不能拔山。”为着共产主义理想而奋斗，我们就能真正做到“千磨万击还坚劲，任尔东西南北风”。

第二节　实现共产主义需要一代又一代人接力奋斗

共产党人的信仰，是对人类社会历史发展规律的遵从，是对揭示这种规律的客观真理的追求。实现共产主义远大理想，需要一代又一代共产党人接续奋斗，这是历史的接力，也是信念的传递。今天我们所从事的中国特色社会主义伟大事业，就是马克思主义在当代中国的生动应用，是中华民族通向共产主义的必经之路。“大道之行也，天下为公。”我国当前处于并将长期处于社会主义初级阶段，但中国共产党领导的中国特色社会主义已经席地而来，浩浩荡荡，以不可逆转、一往无前的力量坚定地向着共产主义的终极目标迈进。正是为了共产主义远大理想，我们今天的努力才有目标和方向，我们今天所做的一切才有意义和价值。

一、厘清“共产主义渺茫”论断

共产主义是人类获得自由而全面发展的理想社会。共产党人的使命，就是为实现共产主义而奋斗。当今，一些人思想上存在所谓“共产主义渺茫论”的模糊认识，认为“共产主义是不可能实现的理想”。我们应该如何正确理解共产主义？究其根、溯其源，“共产主义渺茫论”不是今天才有，自共产主义学说诞生以来就存在。在不同时期这一论调虽表述各异，但核心要义无非就是两个字：一为“空”，二为“远”。所谓“空”，就是认为共产主义没有经过实践检验，是一种空想；所谓“远”，就是认为共产主义是一种远离社会现实、可望而不可即、遥遥无期的美好愿望。然而，近代以来的世界历史，却无可辩驳地证明，共产主义具有真理性、现实性和历史必然性。共产主义既是一种“社会制度”，也是“消灭现存状况的现实的运动”，不能因为共产主义仍在远方就忽视现实中的共产主义因素。

共产主义是一种社会制度，指的是社会主义社会发展的高级阶段。共产主义的完全实现，需要生产力的高度发展，需要物质财富的极大丰富，需要精神境界的极大提高。这是需要几代人、十几代人甚至几十代人的努力才能建成的。今天，我们距离这个目标还很遥远。但遥远不等于不可能，共产主义必将实现，这是人类社会发展规律使然，这是历史唯物主义的基本结论。共产主义也是一种运动。马克思、恩格斯说过：“共产主义对我们来说不是应当确立的状况，不是现实应当与之相适应的理想。我们所称为共产主义的是那种消灭现存状况的现实的运动。”国际共产主义运动，早在马克思、恩格斯领导共产主义者同盟和第一国际的时候就已经开始了。而我国的共产主义运动，在中国共产党成立和领导进行新民主主义革命的时候也就开始了。共产主义作为一种制度具有必然性，作为一种运动具有现实性。共产主义制度是共产主义运动的出发点和落脚点。后来的社会主义革命、社会主义建设、社会主义改革，都是以往共产主义运动的继续和深化。今天，我国的共产主义运动已经发展到决胜全面建成小康社会、为实现中华民族伟大复兴的中国梦而奋斗的历史阶段。共产主义社会尽管仍然在远方，但作为思想和作为实践的共产主义早已存在于我们的现实生活中，我们每天的生活都包含着共产主义，都没有离开共产主义。尽管不能说，今天共产党领导的一切行动，都是在直接建设共产主义，但毫无疑问都是服务于这一“最终目的”的。没有现实的共产主义运动，共产主义思想和共产主义制度就是空中楼阁，便不可能构建未来的共产主义制度。同时，看到共产主义是一种社会制度，这固然必要；但若不同时看到共产主义还是一种思想体系，一种现实运动，那又是片面的了。共产主义是一个“总体性”的范畴，共产主义制度、共产主义学说、共产主义运动，是理解共产主义的三个维度，不可偏废。

“共产主义渺茫论”者认为，共产主义不但在我这一代没有实现，今后也看不到实现的时间表，这就是“乌托邦”。在这里，持“渺茫论”观点的人在思维方法上的一个错误，就在于形而上学性。他们对于共产主义只是从社会制度这一个维度去理解，而不是也从其现实性去理解。由于共产主义的完全实现还需要很多代人的努力，他们便断言共产主义是“虚无缥缈，遥不可及”的，是“空想”“幻想”。其实在我国，工人阶级的领导地位，马克思主义的指导地位，公有制的主体地位，全面建成小康社会，实现共同富裕目标，等等，都是在社会主义的母体中增添共产主义的因子。量的积累终会带来质的跃升，共产主义因素的累积终会向着共产主义社会过渡。因此，共产主义运动的每一发展中，总是为共产主义的最终实现开辟着道路，总是在创造、增添、积累着共产主义的因素。

二、共产主义是一个不断实践的长期历史过程

列宁指出：“历史通常是循着曲折的道路发展的。”[①] 世界历史总是在曲折的道路上艰难跋涉，共产主义运动的历史也不例外。

共产主义社会究竟是什么样的，应该也只能是由未来的实践去回答，今天的人们不可能也不必要去对遥远的未来作具体的设想和描绘。在创立科学社会主义之初，马克思主义经典作家有过一些设想，比如生产力高度发达，物质财富极大丰富，人们的精神境界极大提高，社

① 《列宁全集》第13卷，人民出版社1959年版，第6页。

会产品实行按需分配，等等。其实，这里说的都仅仅是表象，表象背后的实质才是关键。如果无视马克思、恩格斯对共产主义本质的思考，而仅仅只去拿这些具体的表述去认识共产主义，这是舍本逐末的表现。那么，共产主义的本质究竟是什么？我们回到马克思、恩格斯那里，首先看到的是隐喻式的描述。在《德意志意识形态》中，马克思、恩格斯富有诗意地描绘道："在共产主义社会里，任何人都没有特殊的活动范围，而是都可以在任何部门内发展，社会调节着整个生产，因而使我有可能随自己的兴趣今天干这事，明天干那事，上午打猎，下午捕鱼，傍晚从事畜牧，晚饭后从事批判，这样就不会使我老是一个猎人、渔夫、牧人或批判者。"[①]也就是说，在未来的共产主义社会中，每个人都可以摆脱强制性的旧式社会分工，不必局限在特殊的活动范围内一直从事某种单一的工作；人们都可以随着自己的兴趣在任何部门内自由发展，这就"消除了把一个人变成农民、把另一个人变成鞋匠、把第三个人变成工人、把第四个人变成投机者的现象"。由此引申，这就是一个每个人自由全面发展的社会。接着，在《共产党宣言》中，马克思恩格斯给予了总括式的描述，他们说："代替那存在着阶级和阶级对立的资产阶级旧社会的，将是这样一个联合体，在那里，每个人的自由发展是一切人的自由发展的条件。"[②]这是关于未来社会的一个核心命题。正是"每个人的自由全面发展"将共产主义社会同一切剥削社会从根本上区别开来。后来，在《1857—1858年经济学手稿》中，马克思还对未来的共产主义进行了对比式的描述，他认为：人的

① 《马克思恩格斯全集》第3卷，人民出版社1960年版，第37页。
② 《马克思恩格斯选集》第1卷，人民出版社1995年版，第273页。

依赖关系是最初的社会形态。以物的依赖性为基础的人的独立性，是第二大形态。建立在个人全面发展基础上的自由个性，是第三个阶段。马克思所说的“最初的社会形态”对应的是前资本主义社会，“第二大形态”指的是资本主义社会，“第三个阶段”则是共产主义社会。在最后的第三个阶段，个人完全摆脱了人的依赖性和物的依赖性，以全面的方式自由地占有自身，消除了人的异化，实现了人的自由全面发展，实现了人与自然、人与人、人与社会之间的真正和解。

历史表明，在人类社会发展进步的过程中，社会形态更替不是按部就班的，其中出现反复甚至倒退，也不是偶然现象。在这个过程中，社会主义遭遇重大挫折并没有违背历史发展的总规律。20 世纪 80 年代末 90 年代初东欧剧变，国际共产主义运动遭受最严重的挫折，在世界范围内走入低谷，但它改变不了社会主义必然取代资本主义的历史规律，只是向我们表明这一实现过程的曲折性。针对东欧剧变以后人们思想上出现的疑惑，邓小平同志深刻指出：“我坚信，社会主义经历一个长过程发展后必然代替资本主义。这是社会历史发展不可逆转的总趋势，但道路是曲折的。资本主义代替封建主义的几百年间，发生过多少次王朝复辟？所以，从一定意义上说，某种暂时复辟也是难以完全避免的规律性现象。一些国家出现严重曲折，社会主义好像被削弱了，但人民经受锻炼，从中吸收教训，将促使社会主义向着更加健康的方向发展。”[①]

事实也已经为邓小平同志的论断做出了背书。当前，无论是共产

---

① 《邓小平文选》第 3 卷，人民出版社 1993 年版，第 382–383 页。

党执政的社会主义国家，还是资本主义世界的各国共产党，经过东欧剧变后的反思，通过组织重建和政策调整，基本上克服了东欧剧变的冲击，甚至一些党的力量还有所发展。在当今世界的五个社会主义国家中，中国、越南、老挝和古巴都相继推行了改革开放或革新开放政策，社会主义的面貌发生了重大变化。仅从经济成就来看，经历30多年改革开放，我国经济增速始终保持在世界前列，经济总量跃居世界第二，创造了一个个“中国奇迹”。古巴从1994年开始致力于建设“有古巴特色的社会主义”，开始成为拉美地区经济增长最快的国家之一。以中国为代表的社会主义国家所取得的成就，一方面表明了共产主义事业仍然具有强大生命力，另一方面也表明在世界社会主义运动陷入低谷时我们已经稳住了阵脚。

俄共总书记久加诺夫认为，“苏联的解体不是社会主义的崩溃，而是社会主义的一种具体历史形式的瓦解；新的、更加有效的社会主义形式正在酝酿之中，终究会取代当前的资本主义化和殖民化，不转向社会主义，世界就不能摆脱危机”。在经历挫折之后，共产主义事业迎来了更多的信仰者。与之相反的是，在国际金融危机的冲击下，资本主义已发出了自己的“SOS”信号，而坚持中国特色社会主义的我国率先走出危机。如今，生机勃勃的中国正高举中国特色社会主义伟大旗帜，昂首阔步地走在光明大道上。这个事实告诉我们：共产主义取代资本主义，是不以人的意志为转移的客观规律，但这一规律的体现却是需要条件的，要以更加宽广的视野认识社会主义同资本主义斗争的长期性、复杂性和曲折性。

今天，我们理解共产主义，观察当代中国是不是仍然能够向着“共产主义”的方向发展，关键是看每个人是不是比过去能够更自由、更全面地发展自己的才能，是不是更少地受到物的奴役、资本的奴役。当然，也许步伐是慢的，但正确的观察方法是看我们是否已经行走在这条路上。其实，以今天的人和物、以今天的认识为标准，来衡量遥远未来的人和事，这本身也是违背历史唯物主义方法的。共产主义的完全实现是一个非常漫长的过程，我们对社会未来发展的方向可以做出科学上的预见，但未来的事情具体如何发展，应该交由未来的实践去回答。

三、迈向共产主义征程中分清理想与现实

迈向共产主义的征程不是“走红毯”，不像“土豆烧牛肉”那么简单。分清理想与现实的间距，坚定共产主义理想信念，坚守共产党人精神追求，始终是共产党人安身立命的根本。当今时代，社会思潮日益多元化，特别是西方敌对势力对我加大“西化”“分化”力度，企图搞“和平演变”“颜色革命”，加紧实施网上“文化冷战”和“政治转基因工程”，妄图对我们党员干部拔根去魂，在这样的时代背景下，坚定共产主义理想信念显得更加紧迫、特别重要。

首先，要在增强对共产主义的理性认同中坚定共产主义信念。政治上的坚定源于理论上的清醒，只有对共产主义科学性真理性深信不疑，才能胸怀理想信念坚定不移。一些人之所以对共产主义存在模糊认识，主要是受了各种因素的影响，对共产主义理论的科学性真理性认同不足。理论上不够清醒，一旦受到其他思想的影响和干扰，理想

信念就容易发生动摇。为此，广大党员要自觉加强理论学习，努力掌握辩证唯物主义和历史唯物主义基本原理，特别是掌握马克思主义的立场、观点、方法，用科学理论武装头脑，深刻认识和准确把握人类社会发展大势，不断增强政治敏锐性和政治鉴别力，只有这样才能在纷繁复杂的形势下始终坚定共产主义理想信念。

其次，要在正确把握历史发展规律中坚定共产主义信念。几千年的人类文明史，就是一部在生产力与生产关系的矛盾运动中由低级向高级不断发展的历史，这个社会历史规律就如同自然界的规律一样，是任何力量也阻挡不了。资本主义必然消亡、社会主义必然胜利，人类终将走向共产主义，是人类历史矛盾运动的必然结果，不会因个别时期或个别国家发生的偶然现象而改变。客观地讲，国际国内的共产主义运动，都走了一些弯路，遇到了一些挫折，导致挫折的原因主要在于，如何建设社会主义，如何推进共产主义运动，没有成熟的经验。人们对它的认识，必须从实践出发，逐步地深化认识、积累经验，从没有经验到有经验，从有较少的经验，到有较多的经验，最终从未被认识的必然王国到达自由王国。同时，共产主义运动又是反对国际上一切资产阶级的，是要改变西方主导的国际格局和世界秩序的，因而必将遭到国际上一切反动势力的极端仇恨和竭力攻击，他们会千方百计地阻挡共产主义运动的顺利发展。但这些挫折不能说明共产主义是“虚无缥缈的幻想”，只能说明共产主义运动不可能一帆风顺。共产主义社会制度，体现出来的是社会发展合规律性与合目的性的统一。我们要在正确把握历史发展规律中认识共产主义，坚定对共产主义的信心。

第三，要在加强对基本国情的准确把握中坚定共产主义信念。千里之行，始于足下。基本国情是坚定共产主义理想信念的立足点、出发点。我国的基本国情和最大国情就是，我国现在处于并将长期处于社会主义初级阶段。社会主义初级阶段是社会主义的不发达阶段，而社会主义又是共产主义的初级阶段。我们要自觉做最高纲领和最低纲领的统一论者，防止犯下超越发展阶段的错误。如果超越实际发展阶段，就欲速则不达，甚至招致失败。我国现阶段确实还存在很多社会矛盾和问题，与共产主义理想差距很大。但正因为理想如此崇高美好而现实又存在极大反差，我们才要努力奋斗。试想，500 年前当莫尔写下《乌托邦》时，谁能预料今天的世界会如此之发达、具有如此多的共产主义因素；40 年前当中国刚刚开始启动改革航船时，谁能预料中国社会主义能取得如此之巨大的进步。当今世界的发展，已经展示出了共产主义的美丽晨曦。我们要坚定共产主义信念，不断把中国特色社会主义事业推向前进。

社会主义的现实同共产主义的理想之间，落差、间距还很大，这也是事实。比如，中国面临的发展不平衡问题、消极腐败问题、贫富悬殊问题、环境污染问题、公平正义问题，这些都与共产主义格格不入。这些问题有的属于成长中的烦恼，必将在发展中慢慢得以解决；有的属于背离马克思主义原则导致的后果，必将在正本清源中得到根本肃清；有的属于人类实践本身难以避免的代价，为我们提供成功的经验和失败的教训。我们既要用历史的观点考察过去和今天的现实，又要用发展的观点来前瞻未来。现实与理想之间有间距是完全正常的，如此，理想才成其为理想。

有人一看到东欧剧变，就幸灾乐祸，断言社会主义失败了，共产主义失败了，历史终结了。他们不知道，东欧剧变不是因为坚持了共产主义原则，而恰恰是因为背离了马克思主义；他们不知道，某种社会主义模式的失败不等于整个社会主义的失败；他们不知道，有波峰，有低谷，波浪式前进，正是任何一种社会形态演进的规律性现象。他们一看到中国存在诸多的矛盾和问题，一看到中国引进市场经济，引进股份制等等，就以为中国抛弃了社会主义原则、共产主义理想，就以为世界趋同了，共产主义运动的历史终结了。他们不知道，坚持社会主义不等于坚持某种社会主义模式，某种社会主义模式的失败不等于整个社会主义的失败；他们不知道，中国特色社会主义不是什么别的主义，它首先是社会主义，科学社会主义的基本原则没有丢，共产主义的思想旗帜没有丢。

今天，全世界的有识之士逐渐认识到，只要这个世界上还存在着剥削、存在着压迫、存在着不平等，共产主义就始终是人们追求公平正义和自由解放的一面旗帜，就永远不会改旗易帜。没有共产主义的原则和信条，中国就不可能书写如此动人的故事；没有共产主义这面旗帜，人类世界就不会有光明的未来。

第三节　脚踏实地为实现党在现阶段的基本纲领而不懈努力

党在社会主义初级阶段的基本纲领就是党在社会主义初级阶段的基本路线在经济、政治、文化等方面的展开。1927 年 4 月 28 日，李大钊就义前慷慨陈词："不能因为你们今天绞死了我，就绞死了伟大的共产主义！我们已经培养了很多同志，如同红花的种子，撒遍各地！我们深信，共产主义在中国、在世界，必然要得到光荣的胜利！"如今，李大钊的伟大预言已经和正在变为现实。无数共产党员如同"红花的种子"，扎根在各自的岗位上，矢志不渝地为共产主义的理想而接力奋斗。党的十八大以来，习近平总书记多次强调共产党员必须坚定共产主义远大理想。每名共产党员都不会忘记"为共产主义奋斗终身"的入党宣誓。共产主义作为一种社会运动，不仅是社会发展的"将来时"，还是社会发展的"进行时"。我们今天处在社会主义初级阶段，而社会主义又是共产主义的初级阶段。一名共产党员不论能力大小，只要真正做到全心全意为人民服务，就是在朝共产主义的方向努力。

一、不忘初心，坚定做合格共产党员

习近平总书记在党的十九大报告中指出："不忘初心，方得始终。中国共产党人的初心和使命，就是为中国人民谋幸福，为中华民族谋复兴。这个初心和使命是激励中国共产党人不断前进的根本动力。全党同志一定要永远与人民同呼吸、共命运、心连心，永远把人民对美好生活的向往作为奋斗目标，以永不懈怠的精神状态和一往无前的奋斗姿态，继续朝着实现中华民族伟大复兴的宏伟目标奋勇前进。"

越是面对具有许多新的历史特点的伟大斗争，越要牢记"理想之光不灭、信念之光不灭"。当前我们正在进行具有许多新的历史特点的伟大斗争，有效应对重大挑战、抵御重大风险、克服重大阻力、解决重大矛盾，最可怕、最危险的是理想信念的动摇和滑坡。从现实看，最需要警惕的是“颜色革命”。随着我国由大向强发展，西方敌对势力的战略焦虑愈发强烈，对我策动“颜色革命”的图谋和动作正在变本加厉。我们坚定理想信念，就要高度警惕敌对势力“颜色革命”的险恶用心，增强中国特色社会主义道路自信、理论自信、制度自信、文化自信。最需要强化的是政治定力。党的十八大以来，以习近平同志为核心的党中央革弊鼎新、开新图强，带领中国人民快步走上民族复兴之路。面对意识形态领域的各种噪音杂音，我们要不为所惑、站稳立场，对党中央和习近平总书记的正确领导坚信不疑，对中央重大决策部署坚信不疑，始终与党同心同德。牢记“理想之光不灭、信念之光不灭”，最需要解决的是言行一致。现在有的党员干部口头上讲的是理想信念、实际上行的是自由主义，台上台下不一样、人前人后不一样、对人对己不一样，是典型的“两面人”，极大地损害了党的事业和形象。坚定理想信念，就要克服这种“两面人”形象，真正做到知行合一、表里如一、言行一致。当前，最重要的就是要紧紧跟上习近平总书记思想步伐，切实把新理念新思想新战略学深学透，不断提高马克思主义思想觉悟和理论水平，不断增强政治意识、大局意识、核心意识、看齐意识，在大是大非面前旗帜鲜明，在风浪考验面前无所畏惧，在各种诱惑面前立场坚定。

越是面对人民群众对党员干部的新期待，越要牢记“人民立场是根本政治立场”。坚持党的性质和宗旨，要求我们要进一步把人民放在心中最高位置，坚持以人民为中心，切实解决好“为了谁、依靠谁、我是谁”这个根本问题。作为党员领导干部，我们一定要以群众呼声为第一信号，以群众需要为第一选择，把对上负责与对下负责统一于全心全意为人民服务之中。我们要充分相信群众、紧紧依靠群众、紧密团结群众，深入基层接地气、深入群众交朋友，体察民情、体验民生、体会民意，问政于民、问需于民、问计于民，尊重人民群众的创造精神，集中各族人民群众的智慧和力量，使各项工作和举措真正做到群众所盼、民心所向。群众的困难疾苦就是我们工作的着力点，一定要把群众的事牢牢放在心中，再小的事也要用心去做，再难的事也要全力去办。

越是面对领导干部位高权重的考验，越要牢记“以德修身、以德立威、以德服众”。中华优秀传统文化历来注重德的培养，习近平总书记对领导干部的“德”看得很重、强调很多，把“以德修身、以德立威、以德服众”作为干部成长成才的重要因素。作为共产党人，当前最重要的就是要继续做到“三严三实”，自觉做到心中有党、心中有民、心中有责、心中有戒。要以党章党规为镜子，经常照一照自己；以干净干事为标尺，经常量一量自己；以群众口碑为天平，经常称一称自己。从当前领导干部面临的现实考验看，关键是要守好“四个关口”：一是用人关，这是体现和反映领导干部“德”的关键指标，也是影响一个单位政治生态的决定因素。在使用干部时，要坚持德才兼备、以德为先，坚持五湖四海、任人唯贤，坚持事业为上、公道正派，坚决防止和纠正搞小圈子、权钱交易等不正之风，以公平公正彰显领导干部的人格力量。二是花钱关，这是领导干部经常面对、也容易“湿鞋”的关口。要严格按规矩和程序办事，决不能贪小利失大节，切实把自身搞得很干净。三是家风关，这是容易成为领导干部“软肋”的地方。要牢记修身齐家治国平天下的古训，加强对家属子女和身边人员的教育管理，坚决防止堡垒从内部攻破。四是交往关，这是领导干部容易被人利用套牢的重要切口。交往之中有政治、有纪律、有品位，要坚持择善而交、择贤而交。

越是面对推进伟大事业的紧迫要求，越要牢记“权力就是责任、责任就要担当”。我们要进一步强化激发担当精神，把担当精神体现在破解难题上。当前无论是经济社会转型发展，还是各领域建设，都面临着许多亟待解决的重难点问题。要以功成不必在我的胸襟，以直面矛盾、迎难而上的勇气，以踏石留印、抓铁有痕的韧劲，在不断解决问题中推动事业发展。既要有一年干几件事的决心，也要有几年干一件事的耐心，还要有把一件事干到底的恒心，真正做到善做善成、务求实效。要把担当精神体现在推进改革上。在改革的大潮中，是激流勇进还是徘徊不前，直接考验各级党员干部敢干敢为的勇气和担当。一定要以勇于自我革命的气魄，坚决冲破思想观念束缚，坚决破除利益固化藩篱，坚决清除体制机制障碍，以改革之举展示担当之为，努力做改革的促进派和实干家。

二、学习习近平新时代中国特色社会主义思想，坚持马克思主义中国化

中国共产党是理论上成熟和发展的伟大政党。党的十八大以来，习近平总书记围绕什么是社会主义现代化强国、怎样建设社会主义现

代化强国的基本问题，确立了“四个全面”战略布局，提出了一系列治国理政思想，把马克思主义中国化提高到新境界。我们党成立90多年，执政60多年，实行改革开放30多年，始终高度重视党的自身建设，高度重视党的理论建设。从我们党自己的经验来说，党在理论上成熟的根本标志，是我们党实现了马克思主义中国化的两次历史性飞跃。

我们党从一成立起，就高举起马克思主义伟大旗帜，就坚定不移、坚持不懈地推进马克思主义中国化。我们党在领导中国革命、建设、改革的伟大历史进程中，进行过各种各样的探索，走过曲折的道路，但是在旗帜问题上，从来没有动摇过。我国国家治理进入新阶段，并不意味着我国社会主义初级阶段基本国情、主要矛盾和根本任务的改变，也不是如同社会主义初级阶段那样的历史阶段，而是特指社会主义初级阶段中特定的历史时段。这是我们党领导人民进行的同过去实践有着许多不同特点的新的伟大实践。

大致地说，中华人民共和国成立以来，我们党和国家已经走过了“两个三十年”。第一个三十年，从中国共产党成立到社会主义改造完成，我们建立和巩固了社会主义制度，奠定了社会主义的经济基础。第二个三十年，中国实行改革开放和“三步走”发展战略，中国的综合国力迈上新台阶，中华民族重新自立于世界民族之林。现在正进入第三个三十年。在前“两个三十年”的基础上，我国经济将实现在更高起点上的高品质发展，实现国家经济建设、政治建设、文化建设、社会建设和生态文明建设的协调发展、可持续发展，实现国家物质文明和精神文明以及国家素质、社会素质和公民素质的巨大进步，把我国早日建成富强民主文明和谐的社会主义现代化强国。而这个时间基本上刚好是本世纪中叶，与第二个“一百年”的目标相吻合。

新的伟大实践要求我们党适应新的需要，写出新的著作，形成新的理论。党的十八大以来，习近平总书记以政治家和战略家的巨大政治勇气和理论勇气，高举中国特色社会主义伟大旗帜，准确把握国内国际大局的深刻变化，准确把握我国经济、政治、文化、社会、生态文明以及党的建设面临的新情况、新问题，准确把握广大人民群众的新要求、新期待，深刻总结我国和世界各国国家治理的经验教训，提出和确立了“四个全面”的战略布局；在进一步回答什么是社会主义、怎样建设社会主义，建设一个什么样的党、怎样建设党，实现什么样的发展、怎样发展基本问题的过程中，科学回答了新形势、新起点上我国发展面临的一系列重大理论和实践问题，提出了新时代中国特色社会主义思想，回答了什么是社会主义现代化强国、怎样建设社会主义现代化强国的基本问题。

习近平新时代中国特色社会主义思想是党的意志、国家意志和人民意志的集中体现，开创我们党马克思主义中国化的新境界，是中国特色社会主义理论体系的最新发展，是包括“四个全面”战略布局以及全面加强国防和军队建设、全面推进中国特色大国外交等重大思想在内的科学思想体系。它奠定了党和国家前进的新的共同思想基础，是指导全党和全国各族人民实现“两个一百年”奋斗目标、实现中华民族伟大复兴中国梦的强大思想武器。

三、坚定不移走中国特色社会主义道路

马克思、恩格斯在预测未来社会时，只限于对未来社会发展方向和基本原则做出预见，而对未来社会的具体形式和应采取的具体措施，他们没有给予回答。

中国共产党团结带领各族人民进行了艰辛的探索，做出了令人信服的回答。中华人民共和国成立 60 多年来和是改革开放 30 多年来，特别是党的十八大以来的 5 年，我们党把马克思主义基本原理同中国具体实际和时代特征相结合，坚持实事求是思想路线，以非凡的勇气和创造力，成功开辟了中国特色社会主义道路，创造出令世人惊叹的“中国奇迹”。走在这条道路上，我们在短短几十年内走完某些发达国家上百年才走过的历史进程，充分彰显了社会主义制度独特的创造力和强大生命力。历史和现实充分证明，只有社会主义才能救中国，只有中国特色社会主义才能发展中国。在当代中国，坚持和发展中国特色社会主义，就是真正坚持社会主义。

但是，有些人却无视我国发展“风景这边独好”的事实，质疑中国特色社会主义究竟是不是社会主义，有人说它是“资本社会主义”，有人说它是“国家资本主义”，认为实现共产主义遥遥无期、是不现实的，企图让我们改旗易帜。这是完全错误的。

中国特色社会主义既坚持了科学社会主义基本原则，又根据我国实际和时代特征赋予其鲜明的中国特色。比如，在国体和政体上，我国实行人民民主专政的国体和人民代表大会制度的政体，以工人阶级为领导、以工农联盟为基础，其实质就是无产阶级专政。比如，在经

济制度上，我国鼓励、支持和引导非公有制经济发展，让市场在资源配置中起决定性作用，但公有制和按劳分配仍然占主体，国有经济仍然控制着国民经济命脉，政府对市场活动仍然要发挥宏观调控作用，等等。中国特色社会主义既体现了科学社会主义的基本特征，又有区别于其他社会主义国家的“中国特色”。可以说，中国特色社会主义既没有丢弃老祖宗，又别开生面；不是僵化教条地“照着讲”，也不是另起炉灶地“另外讲”，更不是改旗易帜地“反着讲”，而是继承发展地“接着讲”“接着干”，是沿着科学社会主义方向继续开拓前进。正如习近平总书记指出的：中国特色社会主义，是科学社会主义理论逻辑和中国社会发展历史逻辑的辩证统一，是根植于中国大地、反映中国人民意愿、适应中国和时代发展进步要求的科学社会主义，是全面建成小康社会、加快推进社会主义现代化、实现中华民族伟大复兴的必由之路。①

回首共产主义运动波澜壮阔的历史，我们信心满怀。共产主义运动在一个半多世纪风云中，充满了高潮、低潮、推进、反复、成功、挫折、探索，但总的趋势是在曲折中不断前进。在这一过程中，什么时候坚定对马克思主义的信仰、对社会主义和共产主义的信念，什么时候共产主义运动就能蓬勃发展；反之，就会经历挫折乃至失败。习近平总书记在党的十九大报告中指出：“实现中华民族伟大复兴是近代以来中华民族最伟大的梦想。中国共产党一经成立，就把实现共产

---

①《习近平在新进中央委员会的委员、候补委员学习贯彻党的十八大精神研讨班开班式上发表重要讲话强调毫不动摇坚持和发展中国特色社会主义在实践中不断有所发现有所创造有所前进》，载《人民日报》2013年1月6日。

主义作为党的最高理想和最终目标，义无反顾肩负起实现中华民族伟大复兴的历史使命，团结带领人民进行了艰苦卓绝的斗争，谱写了气吞山河的壮丽史诗。”历史和现实反复证明，革命理想高于天，对马克思主义的信仰，对社会主义和共产主义的信念，是共产党人的政治灵魂，是共产党人经受住任何考验的精神支柱，是共产主义事业不断向前的强大精神力量！

第五章
衡量是否具有远大理想有客观标准

共产主义远大理想和中国特色社会主义共同理想，是中国共产党人的精神支柱和政治灵魂，也是保持党的团结统一的思想基础。历史长河里，我们党经受一次次挫折而又一次次奋起，归根结底是因为我们党有远大理想和崇高追求；辉煌历程中，一代又一代共产党人，前仆后继为了革命事业抛头颅洒热血，就是因为他们坚定信仰共产主义理想信念。习近平总书记强调：衡量一名党员干部是否具有共产主义远大理想，是有客观标准的，那就要看他能否坚持全心全意为人民服务的根本宗旨，能否吃苦在前、享受在后，能否勤奋工作、廉洁奉公，能否为理想而奋不顾身去拼搏、去奋斗、去献出自己的全部精力乃至生命。[①] 四个“能否”的客观标准，说明新形势下“坚定理想信念”蕴含着深刻的时代寓意。

① 《习近平在新进中央委员会的委员、候补委员学习贯彻党的十八大精神研讨班开班式上发表重要讲话强调毫不动摇坚持和发展中国特色社会主义在实践中不断有所发现有所创造有所前进》，载《人民日报》2013 年 1 月 6 日。

第一节 坚持全心全意为人民服务的根本宗旨

一个政党的宗旨就是指这个政党一切活动的根本目的。马克思、恩格斯在《共产党宣言》中明确指出，共产党是无产阶级为了完成自己的历史使命而组织的政党；共产党始终代表整个无产阶级的利益，同时代表社会绝大多数人民群众的利益，没有自己的特殊利益。全心全意为人民服务，是党的根本宗旨。宗旨前面加“根本”，这个目的和意图，就有了“最本源、最本质、最本真”的定语和属性。靠马克思主义立党、建党、兴党的中国共产党，从成立的那一天起，就把“全心全意为人民服务”作为自己的根本宗旨。

一、坚持根本宗旨要在思想上理清脉络

《中国共产党章程》总纲明确：“中国共产党坚持全心全意为人民服务。党除了工人阶级和最广大人民群众的利益，没有自己特殊的利益。党在任何时候都把群众利益放在第一位，同群众同甘共苦，保持最密切的联系，坚持权为民所用、情为民所系、利为民所谋，不允许任何党员脱离群众，凌驾于群众之上。党在自己的工作中实行群众路线，一切为了群众，一切依靠群众，从群众中来，到群众中去，把党的正确主张变为群众的自觉行动。”这是对党的根本宗旨完整、科学的表述。党的宗旨反映党的性质和理想，是共产党人安身立命之本。

我们党把全心全意为人民服务作为根本宗旨，不是在建党之初，而是在不断走向成熟的过程中逐步确立的。马克思、恩格斯的《共产党宣言》为无产阶级确定自己的宗旨提供了基本依据。《宣言》指出："无产阶级的运动是绝大多数人的，为绝大多数人谋利益的独立运动。"[①] 我党从诞生之日起就在实践着这一根本宗旨。1934年1月，毛泽东同志在《关心群众生活，注意工作方法》一文中指出："要使广大人民群众认识到我们是代表他们的利益的，是和他们呼吸相通的。"提出"党要代表广大人民的利益"。1942年，延安整风运动中，毛泽东同志指出"为什么人的问题"是一个根本的问题，也是一个原则的问题，并提出"面向工农兵"。同年9月，毛泽东同志《在延安文艺座谈会上的讲话》中指出，我们的文艺是为人民的，是为着人民大众的，提出"为人民服务"的概念。1944年，毛泽东同志在张思德烈士的追悼会上发表了《为人民服务》的演说，第一次从理论上系统阐述为人民服务的科学理论。他指出："我们的共产党和共产党领导的八路军、新四军是革命的队伍，我们这个队伍完全是为着解放人民的，是彻底地为人民的利益工作的"，"我们是为人民服务的"[②]。1945年，党的七大把全心全意地为人民服务上升到"唯一的宗旨"的高度，并写进了党章。自此，全心全意为人民服务，成为我党一直坚持的根本宗旨，成为我党始终高扬的一面旗帜，并在实践中不断发展完善。

中国共产党作为马克思主义执政党，始终坚持为人民执政、靠人民执政的宗旨理念。早在局部执政时期，毛泽东同志就以著名的"窑

① 《马克思恩格斯选集》第1卷，人民出版社2012年版，第411页。
② 《毛泽东选集》第3卷，人民出版社1991年版，第1104页。

洞对”，把发展民主，实现人民当家作主作为破解“历史周期律”的真谛。在新中国的执政实践中，我们党始终坚持把党的宗旨内化为执政理念、外化为执政方略。从毛泽东同志“我们的责任，是向人民负责”，到邓小平同志“一切以人民利益作为每一个党员的最高准绳”，到江泽民同志“实现、维护和发展人民群众的利益，始终是我们最大最重要的政治”，到胡锦涛同志“权为民所用、情为民所系、利为民所谋”，到习近平同志“我的执政理念，概括起来说就是：为人民服务，担当起该担当的责任”“人民对美好生活的向往，就是我们的奋斗目标”，坚持党的根本宗旨始终是中国共产党一脉相承、与时俱进的核心理念，也是党的建设实践一以贯之、矢志不渝的政治信念。由此可见，始终坚持全心全意为人民服务，践行立党为公、执政为民的根本宗旨，代表最广大人民的根本利益，赢得最广大人民群众的拥护和支持，夯实长期执政最广泛的阶级基础和群众基础。这就是中国共产党能够长期执政、巩固执政地位的根，也是始终得到最广大人民群众拥护的魂。

中国共产党之所以把全心全意为人民服务作为党的根本宗旨，是因为：第一，这是由党的性质所决定的。中国共产党是中国工人阶级的先锋队。马克思主义理论认为，工人阶级只有彻底解放全人类，才能最终解放自身。因此，工人阶级的政党不是代表少数人利益的党，而是完全站在绝大多数的广大劳动人民立场上，为人民群众谋利益的党。我们党坚持全心全意为人民服务的根本宗旨，就充分体现了工人阶级先锋队的性质；而坚持工人阶级先锋队的性质，就必须牢记并实践全心全意为人民服务的宗旨。第二，这是由党的历史唯物主义世界观所决定的。辩证唯物主义和历史唯物主义是无产阶级政党的理论基础。历史唯物主义认为，人民群众是历史的主人、是推动历史发展的真正动力、是社会物质财富和精神财富的创造者。毛泽东同志将其精辟地概括为“人民，只有人民，才是创造世界历史的动力。”[①]无产阶级政党必须遵循人民群众是历史创造者这一根本规律，紧紧依靠人民，全心全意为最广大人民谋利益，才能实现自己的历史使命。第三，这是由党的事业发展所决定的。我们的党由小到大、由弱变强，最终能够战胜千难万险，不断从胜利走向胜利，就是因为我们赢得了人民群众的拥护和支持，从人民那里汲取了无穷无尽的力量。党执政60多年的实践证明，党的根基在人民、党的血脉在人民、党的力量在人民、党的成败在人民。今天我们建设中国特色社会主义、全面建成小康社会，并使改革成果惠及全体人民，所面临的任务十分艰巨。我们必须要团结和带领广大人民群众，充分发挥人民群众的主动性、积极性、创造性，并使我们的事业真正成为人民群众关心、人民群众参与的事业，这样才能真正实现“中国梦”。

二、坚持根本宗旨要在政治上保持清醒

坚持根本宗旨是我们党安身立命之本、长盛不衰之基。习近平总书记深刻指出：“人民是历史的创造者，是真正的英雄。”[②]回顾我

---

① 《毛泽东选集》第3卷，人民出版社1991年版，第1031页。

② 习近平：《在庆祝中国共产党成立95周年大会上的讲话》（2016年7月1日），载《人民日报》2016年7月2日。

们党90多年的奋斗历程，总结治国理政60多年的成功经验，追溯改革开放30多年的发展之路，任何时候人民群众都是我们事业的依靠、力量的源泉，离开了人民，我们党就失去了存在的价值和意义，失去了发展的根基和土壤。国内革命战争时期，蒋介石的文胆陈布雷曾说："国民党力大，共产党势大。"我们党最大的优势就是团结群众。回顾苏联共产党"20万党员建国，200万党员卫国，2000万党员亡国"的历程，执政党与人民群众血肉联系被肢解是导致苏共亡党亡国的重要原因。中外历史雄辩地证明，掌握政权不等于掌握人心，不掌握人心最终也将失去政权。夺取政权，需要人民群众的支持拥护；掌权执政，同样需要人民群众的支持拥护。一个政党其前途与命运最终取决于人心向背。将人民放在什么位置，决定着自己能够站多高、立多久、走多远。在党的历史上，"学生与老师""儿女与父母""公仆与主人""种子与土地""鱼水关系""血肉关系"等诸多生动而形象的描述，鲜活地刻画出了我党同人民群众的深厚关系。坚持根本宗旨，始终保持同人民群众的血肉联系，既是我们党最大的政治优势、最大的政治考验，也是最大的政治责任。

党的根本宗旨包括三个方面的深刻内涵。第一，强调服务的范围是"人民"。强调是为"最广大人民群众的根本利益"服务而不是为少数人。这从"量"和"质"上给中国共产党做了定界，鲜明地体现了我们党的价值取向、执政理念的本质特征。为人民服务就要时刻从人民的角度考虑，时刻从人民的利益出发。第二，强调服务的要求是"完全""彻底""全心全意"。突出了党必须同人民保持血肉联系，永远与人民心连心、同呼吸、共命运，而不是半心半意、三心二意、无心无意或假心假意，真正显示出立党为公、执政为民的本色。党所做的一切都是为了人民群众，如果脱离了人民群众，那我们就将失去了存在的理由。第三，强调服务的目的是“为人民谋利益”。中国共产党任何时候都是把人民利益放在第一位的。一个“谋”字充分表明，服务主体在精神状态上是主动地、自觉地服务，而不是墨守成规；在行动上是脚踏实地服务，而不是坐而论道、患得患失；在标准上是以人民满意不满意、赞成不赞成、答应不答应为最高标准，而不是自我满足、自以为是。党的全心全意为人民服务的根本宗旨集中体现了党的阶级性、群众性、先进性和纯洁性的有机统一。

谁把人民放在心上，人民才会把谁放到台上。历史和人民选择了中国共产党，是因为我党始终把全心全意为人民服务作为自己的根本宗旨、应尽责任和神圣使命。党的历史，就是一部践行根本宗旨，与人民群众同呼吸共命运心连心的历史。苏区人民十送红军，延安人民用小米哺育革命政权，沂蒙红嫂用乳汁救活部队伤员，百万民众用推车支援淮海战役，都是军民团结如一人的生动写照。美国记者斯诺曾把中国共产党的干部植根群众、服务群众，与人民群众同甘共苦的精神誉为“东方魔力”。正是因为中国共产党是全心全意为人民服务的党，是与人民风雨同舟、患难与共的党，是奉行立党为公、执政为民的党，才能赢得民心、代表民意，成就了中国革命、建设和改革的丰功伟业，创造了举世瞩目的辉煌成就。新的历史条件下，世情、国情、党情、军情、民情发生了深刻变化，广大人民群众思想的选择性、独立性、多样性、差异性日益明显，这对我们践行全心全意为人民服务的根本宗旨提出了更高的标准要求。事实证明，只要坚持党的根本宗旨，做到一切从人民的利益出发，就能得到人民的衷心拥护和热情支持，党的执政基础就巩固，军队的打赢靠山就稳固，实现中华民族伟大复兴的中国梦就有坚强的领导核心和坚强的钢铁长城。

习近平总书记指出，“人民是历史的创造者，是决定党和国家前途命运的根本力量。”在革命战争年代，我们党靠“砍头不要紧，只要主义真”的坚定信仰凝聚民心，靠“打土豪、分田地”的利益关切唤起民心，靠“关心群众生活、注意工作方法”的优良作风感召民心，推翻了压在人民头上的“三座大山”，完成了新民主主义革命。在社会主义建设时期，我们党充分发挥人民群众的主体作用，完成了社会主义革命，确立了社会主义基本制度；取得了抗美援朝、对印、对苏、对越自卫反击战的胜利。在改革开放新时期，我们党尊重人民群众首创精神，坚持科学执政、民主执政、依法执政，进行改革开放新的伟大革命，开创、坚持、发展中国特色社会主义，迈进了实现强国梦的伟大征程。由此可见，中国革命和建设的成功，改革开放的成功，都在于赢得了中国最广大人民群众的支持和拥护。新形势下，我们党要更好地实现自己的历史使命，就必须把人民放在心中最高位置，坚持全心全意为人民服务的根本宗旨，与人民群众心连心、同呼吸、共命运，实现好、维护好、发展好最广大人民根本利益，把人民拥护不拥护、赞成不赞成、高兴不高兴、答应不答应作为衡量一切工作得失的根本标准，使我党我军始终拥有不竭的力量源泉。

三、坚持根本宗旨要在行动上自觉践行

习近平总书记深刻指出：面对复杂多变的国际形势和艰巨繁重的国内改革发展任务，实现党的十八大确定的各项目标任务，进行具有许多新的历史特点的伟大斗争，关键在党，关键在人。[①]

深入贯彻以人民为中心的发展思想。我们每名党员干部都是党的代言人和形象大使，我们与人民亲，人民才会对党亲；我们离人民远，人民就会离党远。我们必须怀着对人民、对党的无限忠诚，用青春、汗水甚至鲜血和生命，诠释着热爱人民的铮铮誓言，践行着全心全意为人民服务的根本宗旨。一是要站稳政治立场。人民立场是我们共产党人的根本政治立场。我们党自诞生之日起就勇敢担当起带领中国人民创造幸福生活、实现中华民族伟大复兴的历史使命。为了完成这个历史使命，一代又一代中国共产党人前赴后继、无私奉献，才团结和领导人民赢得了革命、建设和改革的伟大胜利。时代在发展、形势在变化，但无论怎么变，全心全意为人民服务的根本宗旨不能变。这就要求我们共产党人始终把人民放在心中最高的位置，当前要站在人民的立场上来审视来决策，凡是有利于人民利益的就坚决做，不利于人民利益的就坚决不做。只有这样，才能不断地实践好、维护好和发展好最广大人民的根本利益。二是要相信依靠群众。实践证明，群众最

---

① 《习近平在全国组织工作会议上强调建设一支宏大高素质干部队伍确保党始终成为坚强领导核心》，载《人民日报》2013年6月30日。

具智慧、最能创造、最有力量。只有真心实意依靠群众，才能有效应对新形势新任务的挑战考验。党员干部一定要摆正自己与群众的位置，做到重大决策问计于群众，解决难题求教于群众，工作落实依靠于群众，有了成绩归功于群众，充分调动群众积极性创造性。三是要当好人民公仆。党的十九大报告指出，“我们党来自人民，植根人民、服务人民，一旦脱离群众，就会失去生命力。”习近平总书记多次用这样一副对联教育党员干部：“得一官不荣，失一官不辱，勿道一官无用，地方全靠一官；穿百姓之衣，吃百姓之饭，莫以百姓可欺，自己也是百姓。”并告诫大家，当共产党的“官”只有一个宗旨，就是造福于民。2009 年，郑州市城市规划局逯军副局长的“你是准备替党说话，还是准备替老百姓说话？”的反问；2012 年，毕节市政府驻贵阳市办事处文永东主任的“你是为人民服务还是为党服务”的质问，引发了人民群众的“是为人民服务还是为人民币服务”的拷问。我们党和群众的利益是一致的，为群众说话就是为党说话，维护群众的利益就是维护党的利益。可悲的是逯军、文永东们虽然入党多年，但一直还没有搞懂“党的根本宗旨是什么”，还没有弄清“党和人民为什么是一家”，他们早已与党离心离德、早已同人民分道扬镳。

习近平总书记强调：党员的身份决定着，一名党员无论在什么地方、什么岗位，他的第一身份是共产党员，第一职责是为党工作，第一目标是为民谋利。毛泽东同志一直主张“群众就是孔明”，经常到群众中间去才会知道我们的政策该怎么定，才会知道什么政策是好的，什么政策是不好的。邓小平同志多次号召全党向实践学习，向群众学习，他说，改革开放中许许多多的东西，都是由群众在实践中提出来的……绝不是一个人的脑筋就可以钻出什么新东西来……我的功劳是把这些新事物概括起来，加以提倡。无数事实告诉我们：人民群众是主人，值得我们尊重；人民群众是英雄，值得我们崇尚；人民群众是老师，值得我们学习。我们应当自觉端正对群众的根本态度，在日常生活中虚心向群众学习，多为群众做好事、办实事、解难事，不断密切与人民群众的鱼水深情。要爱人民胜过自己，要为人民舍得自己。

习近平总书记指出：“实现中华民族伟大复兴，就是中华民族近代以来最伟大的梦想。”我们党员干部必须牢记职责使命，为实现中国梦保驾护航。面对中国和平崛起，美国鼓吹新兴大国与守成大国必然对抗的悖论，实施亚太再平衡战略，对我全方位围堵遏制，破解“修昔底德陷阱”是不可回避的现实。党员干部要站在总体国家安全观高度，清醒认识国家安全形势，增强居安思危的忧患意识，集中精力干好本职工作。要在党言党、在党爱党、在党护党、在党为党，自觉把个人的前途命运与实现国家富强、民族振兴、人民幸福的中国梦联系起来、统一起来，在全心全意为人民服务中做出应有贡献。

第二节　吃苦在前、享受在后

《党章》第三条规定“坚持党和人民的利益高于一切，个人利益服从党和人民的利益，吃苦在前，享受在后，克己奉公，多做贡献”。“吃苦在前，享受在后”，是《党章》明确的基本要求，是党员应尽的义务。共产党员是有着特殊政治使命、受到严格组织约束的公民，入了党就意味着主动放弃一部分普通公民享有的权利和自由，要随时准备应对危机，随时准备攻坚克难，随时准备承受痛苦，甚至随时准备流血牺牲。坚持吃苦在前，享受在后，从正面回答了共产党员面对苦与乐应该怎么想、怎么做，以什么样的思想境界、精神状态为党工作、为人民服务。它具体反映了党的性质宗旨，生动诠释了党的先进性要求，充分体现了党的优良传统和作风。

一、坚持"吃苦在前，享受在后"是铸牢理想信念的"必修课"

每名党员在入党时都曾在党旗面前宣过誓，向党做过庄严承诺。自愿加入了党组织，就应尊崇党章、信守党章，不忘初心，不改初衷，始终把党和人民利益作为最高利益。实践证明，只有履行好"吃苦在前、享受在后"的党员义务，才能最直观地展现先锋模范作用，才能最有说服力地赢得广大人民群众信赖支持和拥护。有人曾问草帽书记杨善洲：放着好日子不过，何必自讨苦吃？他回答，入党时我们都向党宣过誓，干革命要干到脚直眼闭，现在任务还没完成，我怎么能歇下来？开国将军甘祖昌，不当将军当农民，主动解甲归田，放弃政府的照顾，把70%的工资收入捐给了家乡的建设事业，被老百姓亲切称为农民将军。"什么是共产党员？就是自己有一条被子，也要剪下半条给老百姓的人。"

我们党已走过90多年的苦难辉煌历程，由当初50多名党员组成的一个共产国际支部，发展成为今天拥有8900多万名党员的世界第一大执政党，团结带领全国各族人民推翻了"三座大山"，夺取了新民主主义革命的伟大胜利，完成了社会主义革命和建设，走上了中华民族伟大复兴的正确道路。在这由小到大、由弱到强的成功与辉煌背后，是无数共产党人的拼搏与奉献。不管是革命战争年代，还是社会主义建设时期，党取得的每一个胜利、每一份成就，都是由无数优秀共产党员冲锋在前、退却在后拼出来的，迎难而上、奋不顾身干出来的，都凝结着一代代共产党人的鲜血和汗水。人民群众正是从一个个共产党人的具体行动中认识了我党，接受并选择了我党。毛泽东同志曾深刻指出："中国共产党以自己艰苦奋斗的经历，以几十万英勇党员和几万干部的流血牺牲，在全民族几万万人中起到了伟大的教育作用。"艰苦奋斗、吃苦奉献是中华民族的传统美德，是党的性质宗旨的内在要求，是党不断发展壮大的经验总结和传家法宝。今天，我们发扬艰苦奋斗精神，坚持吃苦在前、享受在后，就是要树立正确的苦乐观、得失观，自觉做到把麻烦留给自己、把方便让给别人，把损失留给自己、把好处让给别人，把困难留给自己、把利益让给别人，履行好党赋予的使命任务，感召带领广大人民群众再创新辉煌、再谱新篇章。

"坚持吃苦在前，享受在后"是共产党人的崇高境界，是党的先进性的最直观表现、最深刻诠释。在枪林弹雨的考验面前，在急难险重任务的紧要关头，在腐朽思想文化挑战关口，无数共产党员把党和人民利益放在第一位，以无私奉献的模范行为，向党和人民交出了合格答卷，彰显了党的先进性风采。但改革开放特别是发展社会主义市场经济新形势下，随着条件的改善、环境的改变，有的党员人生观、价值观、权力观发生了错位，党性观念、宗旨意识严重缺失，吃苦精神淡化弱化，不愿吃苦、不想吃苦、不敢吃苦，思安逸、图享受、想快活，有的甚至与民争利、见利忘义。突出表现是：在精神状态上，思想空虚、精神萎靡，贪图安逸、不思进取；在价值取向上，把个人利益放在高于一切的位置，事情多做一点就觉得吃亏，待遇稍差一点就满腹牢骚；在工作态度上，怕苦怕累、逃避责任、得过且过，不愿意干艰苦细致的工作，更不想创造性地开展工作；在生活方式上，贪杯嘴馋、贪玩虚荣。这些表现是不正之风的重要方面，严重损害了党的形象威信，严重影响了党的事业发展，与党的性质宗旨不符，与党的先进性要求相悖，如不坚决纠治，长此以往是非常危险的，恐有重蹈苏共亡党覆辙之虞。

党的十九大提出了习近平新时代中国特色社会主义思想，号召全党为决胜全面建成小康社会、夺取新时代中国特色社会主义伟大胜利、实现中华民族伟大复兴的中国梦、实现人民对美好生活的向往继续奋斗！中国梦就是强国梦，梦在前方，路在脚下。当前，党肩负着协调推进“五位一体”总体布局和“四个全面”战略布局、有效应对自身面临的四大危机和四大考验、妥善解决经济发展“四降一升”矛盾问题等艰巨复杂的战略任务；同时还要处理好稳定与发展的关系，推进改革强军落地见效。党长期执政经验告诉我们，不管是实现最终目标还是现阶段奋斗目标，不管是维护社会稳定还是推进社会发展，都任重道远、责任重大，没有捷径坦途可走，唯有埋头苦干、创新实干，吃苦在前、享受在后，勇于拼搏、甘于奉献，时刻保持战斗状态、冲锋姿态。

二、坚持“吃苦在前，享受在后”是培塑优秀品质的“传家宝”

斯大林在《悼列宁》一文中指出：“我们共产党人是具有特种性格的人，我们是由特殊材料制成的”，形象的刻画出共产党人与生俱来的与众不同的先进性。这种特殊，就特在特别能吃苦、特别能奉献、特别能战斗；这种与众不同，就体现在能承受和乐于承受群众不能承受的艰苦工作和环境，平时工作看得出来、困难面前站得出来、关键时刻豁得出去。那么，共产党人有这样的境界、觉悟和担当，它的动力源泉来自哪，靠什么呢？

一是靠坚定的政治信仰引领。理想信念是管方向、左右前进目标和行动的。不同的理想信念决定着不同的价值追求和思想境界。坚定共产主义理想信念，是共产党人天然的政治本色，是共产党员的精神之“钙”。中国共产党的历史，说到底就是一部倾情书写信仰的历史；中国革命建设和改革开放的胜利，说到底就是政治信仰的胜利。大革命时期面对白色恐怖而不低头，长征途中面对敌人围追堵截而不溃散，抗日战争时期面对敌人围剿扫荡而不屈服，十年动乱之中面对严重挫折而不动摇，改革开放时期面对困难挑战而不变向，靠的就是一大批党员干部对共产主义理想坚贞不渝、矢志不移。李大钊、方志敏、夏明翰、江竹筠、刘胡兰、赵一曼等无数革命先烈，就是为信仰而献身的典范。赵一曼同志从被捕到牺牲历经9个多月，日军对其使用了常人难以忍受的酷刑，但她始终坚贞不屈地说：“我的主义和信仰，就是对党忠诚，反满抗日。”到最后时刻，她身体多处碳化，有的白骨外露，连审讯人员都对赵一曼忠诚坚毅的品格肃然起敬。习近平总书记在中央政治局第 26 次集体学习时指出，“我看了赵一曼等革命烈士的事迹和家书，的确感人至深。他们的忠诚品质，是进行理想信念教育最生动、最有说服力的教材”。在新的历史条件下，共产党人的信仰面临着诸多挑战和考验，既有敌对势力的蓄意攻击和侵蚀，又有错误思潮的不断干扰和冲击；既有对党的形象的质疑，又有自身价值追求的偏移。一些人出现离心离德甚至蜕化变质，教训还是理想信念发生了偏移。

二是靠高尚的道德情操支撑。高尚的品德是共产党人的精神支柱。加强道德修养，也是共产党人的终身课题。一名具备崇高道德追求的党员干部，一定是一个甘于奉献、敢于担当的党员干部，也一定能为了党的事业和人民的利益奋不顾身、勇往直前。被中央军委授予见义勇为模范的孟祥斌，2007 年 11 月 30 日上午 11 时左右，与临时来队的妻子和 3 岁的女儿，利用休息时间前往市区购物。途径金华市通济桥时，忽然传来“救命，有人要跳江”的呼喊。孟祥斌循声望去，只见一位年轻女子扔掉手机，从 10 多米高的桥上跳入江中，在这危急时刻，孟祥斌说了声“来不及了”，便迅速脱掉上衣外套和鞋子，跃上桥栏，纵身跳入冰冷的江中，奋力游向轻生女子。他一次次把落水女子托出水面。因江宽水凉，体力渐渐不支。这时，闻讯赶来的一艘快艇驶近，孟祥斌用尽最后的力气将女子托出水面。可他却沉入江中，献出了 28 岁的年轻生命。孟祥斌是时代的楷模，无愧于共产党员和军人的光荣称号。但与之相反，也有一些党员甚至领导干部，在五光十色的社会变革中，思想分化，行为失矩，道德失范，失足于泥沙俱下的价值荒漠中，甚至走上违法乱纪的道路。重庆市北碚区原区委书记雷政富政治蜕变、权力膨胀、经济贪婪、人格扭曲、腐化堕落于一身。他在悔过书中讲，思想蜕变、行为放纵、不思修德、贪恋女色、追求刺激，使自己失孝于双亲、失忠于妻子、失范于孩子。一个趣味低俗、作风腐化的人，一个对家庭缺乏道德和责任感的人，怎么可能对国家、对单位、对人民负责？作为党员干部，要自觉加强党性修养，培养健康生活情趣，保持高尚品行操守，不当庸俗之人，不做龌龊之事，时刻坚守共产党人的道德高地和精神家园。

三是靠强烈的责任担当保证。当前，我国正在发生历史性深刻变化，实现中国梦伟大目标的重任已经历史性地落到了我们这一代身上，作为党员要切实担起应当担起的责任、付出应当付出的牺牲，始终保持勇气锐气朝气，以务实扎实的作风和只争朝夕的精神，为党尽责、为国奉献、为民服务。这方面无论在我们党的历史上还是在现实生活中，涌现出来的很多先进人物的事迹都令人深受教育和感动。1958 年，我国批准核潜艇工程立项，依靠苏联提供部分技术资料，是当初考虑的措施之一。1959 年，苏联提出中断对中国若干重要项目的援助，对中国施加压力。毛泽东同志听后发誓："核潜艇一万年也要搞出来。"曾有过几年仿制苏式常规潜艇的黄旭华被选中参与研制。为攻克核潜艇，新婚不久的他告别妻子来到试验基地，后来索性把家安在小岛上。1964 年，在极端困难的条件下，黄旭华带领团队研制出我国第一艘核潜艇。1988 年，核潜艇按设计极限在南海做深潜试验，他亲自下潜 300 米，是世界上核潜艇总设计师亲自下水做深潜试验的第一人。30 多年中，黄旭华的 8 个兄弟姐妹都不知道他搞核潜艇，父亲临终时也不知他是干什么的，母亲从 63 岁盼到93岁才见到儿子一面。2014年，黄旭华当选为“感动中国人物”。黄旭华的感人事迹，向我们生动诠释了一个道理：担当必须实干，实干才能担当。

三、坚持“吃苦在前，享受在后”是砥砺党员本色的“磨刀石”

“坚持吃苦在前，享受在后”的内涵要义浅显易懂、不言自明，关键是要在本职岗位上、具体工作中躬身践行。

一是理论武装走在前列。政治上的坚定、行动上的自觉，都源于理论上的清醒。当前形势下，意识形态领域的斗争尖锐复杂，社会变革广泛深刻，价值取向多元多变，对人们的思想观念、价值追求、行为方式提出了严峻挑战，党员不仅难以例外，而且遇到的考验更明显。只有坚持用先进思想理论武装头脑，树立正确的世界观、人生观、价值观，才能信念坚定、纯洁可靠，才能从灵魂深处解决为谁吃苦、为谁奉献的问题，打牢“吃苦在前、享受在后”的思想基础。要把马列主义、毛泽东思想和中国特色社会主义理论作为党员学习教育的必修课，坚持以学明理、以学修身、以学促行。要把理论武装作为一种责任、一种追求，党员干部带头先学一步、学深一层，切实成为学习上的带头人、理论上的明白人。知识没有保鲜剂，理论学习没有止境，尤其对于我们党员来讲，要适应新形势，把握新要求，履行新使命，提升新境界，始终如一地朝着党指引的目标奋勇前进，把自己打造成理想信念坚定、为民服务自觉的先锋战士，就要注意联系我们党的历史、联系党的使命任务、联系党的性质宗旨、联系党的纪律规矩，特别要注意联系自身存在的突出问题，这样才能融会贯通、指导实践，自觉改造思想、提纯党性，不断强化政治意识、大局意识、核心意识、看齐意识。实践证明，不注重学习、不善于学习势必导致本领恐慌，干事创业就会力不从心、缺乏底气。要着力强化学习的紧迫感，把学习变成习惯爱好和责任追求，不断增强为党工作、为人民服务的本领，确保始终走在时代前列，发挥先锋模范作用。

二是危难关头冲在一线。无论是在战争年代，还是在和平时期，在执行重大任务面前，最能展示共产党员的形象风采。抗洪抢险、抗震救灾、维稳处突，凡是维护国家和人民利益的紧要关头，共产党员都奋不顾身、无所畏惧。江苏阜宁突遭龙卷风袭击，共产党员、村党总支副书记陈红明，在家中房屋倒塌、父母和孩子也被压在废墟中的情况下，还是组织抢救其他群众，他连救 6 人，自己的父亲却因伤势过重不幸身亡，来不及处理父亲的后事，又带领群众奋战在灾后重建一线，以实际行动为党争了光。

三是履职尽责勇挑重担。本职岗位是干事创业的平台，履职尽责是对党员最基本的工作要求。组织为每名党员都提供了一个具体工作岗位，也就为你提供了为人民服务的平台，就要珍惜岗位，多做贡献，当好群众的领头羊、示范者。不管处在什么岗位，不管职务多高、任职多长，都要干一行、爱一行、专一行，恪尽职守，真抓实干，平凡岗位扎实工作，事业面前不懈追求。遇事不推诿、不退避，敢想敢做敢当，不解决问题不撒手，不攻克难关不罢休，善始善终，善做善成。无论组织交给什么任务，无论遇到什么困难，无论要求多高多急，都要毫不含糊坚决完成，做到我的工作我尽责，我的岗位请放心。要吃苦奉献，不讲条件，不计得失，时时处处严格自身要求，坚持工作上向标准高的同志看齐，生活上向标准低的同志看齐，像毛泽东同志早就教育我们的那样，“担子拣重的挑，吃苦在别人前头，享受在别人后头”。以感恩之心对待组织，以挚爱之心对待岗位，以知足之心对待职务待遇，不期望过高，不盲目攀比，选好“参照系”，校正“坐标尺”，做到宠辱不惊。

第三节　勤奋工作、廉洁奉公

“政者，正也。”修身立德、清正廉洁，是我国自古以来的为官正道。作为党员干部，一言一行都体现着党的形象，体现着党的先进性纯洁性要求，必须更加自觉地保持勤奋工作、真抓实干，清正廉洁、一身正气，抵制歪风邪气，旗帜鲜明地反对腐败，使我们党的各项事业获得最广泛、最深厚、最可靠的群众基础。

一、立忠诚笃信之志

什么是“绝对忠诚”？习近平总书记给出了标准，那就是唯一的、彻底的、无条件的、不掺任何杂质的、没有任何水分的忠诚。当今时代，思想观念日益多元多变，越是这样越需要奏响忠诚主旋律。

一要补足“精神钙”。习近平总书记说：对马克思主义、共产主义的信仰，对社会主义的信念，是共产党人精神上的“钙”。没有理想信念，理想信念不坚定，精神上就会得“软骨病”[①]。这句话强调了理想和信念对党员的重要性。理想是目的，信念是动力。没有目的地，就会失去方向；没有动力就永远也达不到目的地。支撑一个民族兴旺发达的，第一位的永远是精神，而不是物质，精神是不可战胜的。随着我们党执政时间不断拉长和人们价值取向、思维方式日益多样，有些人对党的了解浅了、感情淡了、信任少了，那份与党同呼吸、共命运，为党的事业倾情付出的精神头越来越弱了，需要经常擦拭信仰之灯，经常自省信仰问题，做到牢记信仰不淡忘、坚守信仰不迷茫。去麦加、耶路撒冷朝觐的信徒，到拉萨大昭寺敬香的教徒，三步一跪、五步一拜，甚至明知前面有千难万险，但仍不能阻挡他们顶礼膜拜的虔诚愿望。他们这种执着的信念从何而来？那就是来自于每周做礼拜的强化，来自于教堂寺院的熏陶，来自于日积月累的教化。培养“绝对忠诚”的信念，共产党员就是要把《党章》作为 “圣经”来诵读、来敬仰、来践行，真正入脑入心，而不能口是心非，只武装嘴巴、装潢门面。学理论不能成天死记硬背，而是要学懂和掌握立场、观点、方法，重要的是明白其真正的意义在什么地方。老太太念经，成天嘴里嘟嘟囔囔“阿弥陀佛”，但你问她“阿弥陀佛”什么意思，她不知道。大革命失败后，共产党人被屠杀了百分之九十，根据地也只有井冈山一小块地方，包括林彪在内的很多人当时都认为共产党完了，发出了“红旗到底能打多久”的疑问，但毛泽东没有因此丧失对中国革命的信心，提出了“星星之火、可以燎原”的光辉论断。为什么能

① 习近平：《在纪念陈云同志诞辰110周年座谈会上的讲话》（2015年6月12日），载《人民日报》2015年6月13日。

做出那样的分析？就是因为他读懂弄通了马克思主义的精髓，辩证地分析国内政治形势和敌我力量对比，指出走农村包围城市、武装夺取政权的可能性，既批评了“林彪这个娃娃的小孩之见”，又帮助大家转变了悲观思想认识。要坚信所学理论的真理性，坚贞不移、坚信不疑。一旦我们失去精神上的信仰和追求，就会失掉旗帜，失掉灵魂，甚至失去江山。

二要筑牢“防火墙”。当前意识形态领域斗争日趋尖锐复杂，党员的理想信念遇到前所未有的挑战和冲击。少数同志认为当前社会已进入告别崇高、告别神圣的世俗时代，对共产主义信仰产生动摇，对党的领导产生怀疑，甚至不信马列信鬼神，不信组织信佛祖。特别是来自网上的错误政治言论和“灰色文化”，对党员理想信念的侵蚀影响越来越突出，这就要求我们每名党员坚决做到头脑清醒。对尖锐复杂的意识形态斗争形势要有清醒认识，善于见微知著，千万不能麻木不仁，无动于衷。坚决做到旗帜鲜明。每名党员同志都要加强理论学习，提高理论功底，旗帜鲜明地与错误言论做斗争。

二、务勤奋工作之功

勤奋工作、真抓实干体现的是一种高度的事业心和责任感，是一种奋发有为的精神状态。习近平总书记在提出好干部的标准时强调：“为民服务，就是要做人民公仆，忠诚于人民，以人民忧乐为忧乐，以人民甘苦为甘苦，全心全意为人民服务。”这几句话，是党员干部践行根本宗旨的共性目标要求。具体到一名共产党员，就要围绕这一共性目标，结合自身实际，明确具体要求，制定具体措施，这样才能真正落到实处。

一要重牺牲讲奉献。古往今来，要奋斗就会有牺牲。对一名共产党员来说，名和利永远是与党和人民的利益联系在一起的。当成为一名共产党员的时候，就注定要远离奢华和安逸，放弃个人利益得失。我们衡量一名党员干部是不是真心真意、全心全意地为人民服务，就要看他能不能够自觉的以个人利益服从革命利益；在人民需要的时候，勇于奉献自己的一切，直至生命。

二要重责任讲担当。所谓责任，简而言之是分内应做的事情，也就是承担应当承担的任务，完成应当完成的使命，做好应当做好的工作。责任无处不在，无时不有。对普通人来讲，尽责是生存的本分。作为社会的人，不可能脱离责任而生存。一位哲人说过："天地生人，有一人当有一人之业；人生在世，生一日当尽一日之勤。"作为父母，要尽抚育儿女之责；作为子女，要尽赡养老人之责；作为夫妻，要尽忠诚家庭之责。因此，一切追求文明和进步的人们，应该基于自己的良知、信念、觉悟，自觉自愿地履行责任，为国家、为社会、为他人做出自己的贡献。县委书记的好榜样焦裕禄，心里时刻装着人民群众，带领人民群众为改变兰考落后面貌而艰苦奋斗，最终倒在工作岗位上。几十年过去了，兰考人民始终没有忘记焦书记。电影《焦裕禄》在河南农村上映时，当人们看到影片中群众撒着漫天飞舞的纸钱为焦裕禄送葬的场面，银幕内外哭声连成一片，分不出哪些是影片中的声音，哪些是观众的哭声。无数事实说明，责任意识强，面对再重的任务、再大的困难，也能不惧险阻、攻坚克难；责任意识差，面对再轻的任务、再小的困难，也可能畏缩不前、上推下卸。同理，反思一起起惨痛矿难带给人民生命财产的重大损失，一种种假劣食品药品使许多无辜百姓受到伤害，一次次严重污染造成难以挽回的生态灾难，都与一些领导干部责任缺失有关。习近平总书记在井冈山看望老区群众时，面对群众发自内心的夸赞，他真诚地说："我们是人民的勤务员，是帮你们跑事的。"一句质朴无华而又温暖感人的话，让人久久难以忘怀，激励我们党员干部立足本职岗位，强化使命担当，以高度的责任感，带头勤奋敬业，忠实履职尽责，努力创造经得起实践、群众和历史检验的实绩。

三要重艰苦讲奋斗。艰苦奋斗是中华民族的传统美德，也是我党的传家宝。古人讲，"俭可以养廉，俭可以成德"，意思是生活上的节俭可以养成廉洁的操守，培育高尚的道德。延安时期，是我党历史上极其艰苦的时期之一，陕甘宁边区不仅面临日本侵略者的疯狂进攻，而且国民党反动派对我实行重重军事包围和经济封锁，叫嚷"一斤粮、一尺布也不许进入边区"，加上延安土地贫瘠，经济落后，物资匮乏，自然灾害频发，边区军民生活异常艰苦。就在这样极端艰苦的条件下，边区军民自力更生，忘我工作，不懈奋斗，为保证解放区和全国人民彻底粉碎敌人的战略进攻、为我军由战略防御转入战略进攻创造了条件。原国民党新编第一军中将参议续范亭曾对延安那种艰苦奋斗、廉洁奉公的精神发自肺腑地赋诗称赞："少骑公马多徒步，不要随从来照护；携带两个冷馍馍，一天开会好几处""时人未识将军面，朴素浑如田舍翁"。1936 年，美国著名作家斯诺到延安采访，看到毛泽东住在极其简朴的窑洞里，周恩来睡在土炕上，彭德怀穿着用缴获敌人的降落伞改做的背心，林伯渠的耳朵上用线绳系着断了腿的眼镜……从这些细小的事情上，他发现了共产党军队的一种伟大力量。他把这种力量叫作“东方魔力”，并断言这种力量是“兴国之光”。实践证明，一个没有艰苦奋斗精神的军队，是没有凝聚力的。同样，一个人如果没有艰苦奋斗的精神作支撑，也是难以成就一番事业的。革命先驱车耀先在《自传》中曾写到，以“谦、俭、劳三者为立身之本，而补余之不足；以骄、奢、逸三字为终身之戒，而为一个健全之国民，则余愿足矣。”这句意味深长的话，道出了立身之本做人之本。

三、树清正廉洁之风

对党员干部来讲，廉洁奉公的本质是正确用权。党的十九大报告中明确指出：“加强作风建设，必须紧紧围绕保持党同人民群众的血肉联系，增强群众观念和群众感情，不断厚植党执政的群众基础。凡是群众反映强烈的问题都要严肃认真对待，凡是损害群众利益的行为都要坚决纠正。坚持以上率下，巩固拓展落实中央八项规定精神成果，继续整治‘四风’问题，坚决反对特权思想和特权现象。”共产党人的权力观认为，权力是人民赋予的重托，是全心全意为人民服务的责任。我们常讲，要“以谨慎之心对待权力”，就是既要深刻认识权力是人民给予的，必须为人民服务；又要深刻认识权力是一把双刃剑，既能为民谋利、使人高尚，也能为己谋利、使人堕落。

一要心有敬畏真心崇廉。清正廉洁既是为官品德，也是从政戒律。要树牢“清廉是底线”的理念。深刻汲取一些人突破廉政底线跌入深渊，从“好干部”沦为“阶下囚”、使“孔方兄”变成“催命符”的惨痛教训，始终把清正廉洁作为兜底保底的红线，时刻严守做人、处事、用权、交友底线，决不能有丝毫的放任、突破和缺口。要树牢“清廉是操守”的理念。始终牢记“当官就不要想发财，想发财就不要当官”的谆谆教诲，坚定恪守“从政就要当公仆”的职业操守，认真践行廉洁从政用权的准则规范，抵得住诱惑、管得住小节、守得住清贫，自觉做到思想清醒、经济清楚、生活清白。要树牢“清廉是幸福”的理念。深刻感悟“廉者常乐无求，贪者常忧不足”的诫训箴言，始终把清正廉洁作为履职用权的“基准线”、人生航船的“压舱石”、实现幸福的“平安符”，坚持以公为上、以廉为基、以清为荣，以无私无愧无畏的正气挺直人生脊梁，穿越“暗礁险滩”，获得长久幸福。

二要明规知矩切实知廉。清正廉洁是推进全面从严治党的内在要求，也是党员干部必须严守的纪律规矩。领导干部要坚持把学习掌握廉洁从政制度规定作为必修课，经常学、反复学、潜心学，切实把条例法规变成“红绿灯”“紧箍咒”“护身符”，确保权不滥用、事不乱为、行不逾矩。要深入学廉政重要论述。坚持把习近平总书记关于廉洁从政系列重要论述作为方向引领和行动指南，带着感情、带着信仰、带着责任深学真思常悟，着力在强根固本、掌握体系、领悟要义、看齐运用上下功夫，自觉在思想上政治上行动上标准上坚定紧跟，切实扎牢清廉根子，绷紧清廉防线，强化清廉担当，形成清廉自觉。

三要律己守纪自觉践廉。清正廉洁不仅仅是思想道德的修炼提纯，而且更是行为规范的实践约束。领导干部要常思贪欲之害，常绷纪律之弦，常除行为之垢，树立秉公用权、尚俭戒奢、德厚行正的良好形象。要公私分明用好权。树立正确的权力观、地位观、利益观，强化“法定职权必须为、法无授权不可为”的行动自觉，始终保持战战兢兢、如临深渊、如履薄冰的谨慎，依法用权、公正用权、廉洁用权，自觉接受组织约束和群众监督，确保权力行使不偏向、不越轨、不出格。要立言立行修好德。坚持做官先做人、修业先修德，自觉把加强道德品行修养作为履职用权的“第一资格证”，严格对照“三严三实”检视自己、警醒自己、鞭策自己，经常三省吾身、静心养德、严己塑形，及时扫除思想“灰尘”、清除心中“贪念”、摒除灵魂“杂质”，炼就共产党人“金刚不坏之身”。

第四节 为理想而奋不顾身

习近平总书记强调：“坚定理想信念，坚守共产党人精神追求，始终是共产党人安身立命的根本。对马克思主义的信仰，对社会主义和共产主义的信念，是共产党人的政治灵魂，是共产党人经受任何考验的精神支柱。”[①] 这一铿锵有力的重要论述，深刻揭示了中国共产党人的政治本色和政治优势，向世人宣誓了中国共产党人的坚定意志和坚守情怀。

① 习近平：《紧紧围绕坚持和发展中国特色社会主义学习宣传贯彻党的十八大精神》（2012年11月17日），载《人民日报》2012年11月19日。

一、坚持不懈追求共产党人的崇高理想是做合格党员的首要前提

理想信念，是指人们的政治立场和价值取向等在奋斗目标上的集中体现，是一个国家、一个民族百折不挠、执着奋斗的强大动力，也是党的事业走向成功辉煌不可缺少的基石。我们中国共产党人，始终把实现共产主义作为最高理想和最终目标。在新的历史时期，就是要坚定中国特色社会主义理想信念不动摇，就是要坚信对党中央、习近平总书记的信赖不动摇，就是要坚持中国特色社会主义制度不动摇。

一是树立马克思主义理论信仰，铸牢共产党员实现人生价值的精神支柱。庄子在《知北游》中讲："天地有大美而不言，四时有明法而不议，万物有成理而不说。"庄子意在表明：万事万物都有自己的规律。规律要靠我们去发现。人类社会的发展也有自己的规律。马克思主义理论正是向我们揭示了人类社会发展的必然规律。马克思、恩格斯通过创立自己的辩证唯物主义和历史唯物主义的哲学方法论，通过政治经济学批判深刻提示了资本主义形成、发展和灭亡的必然规律，指出了科学社会主义最终必将全面胜利的历史发展趋势。

马克思主义正是深刻地揭示了资本主义产生的历史规律，从而科学地论证了：资本主义的固有矛盾决定了它不会是人类社会的最终阶段，它必将为社会主义、共产主义的更高社会形态所替代。这是人类社会发展的必然的趋势。资本主义在它的产生和发展中已经为自己孕育准备好了掘墓人。恩格斯说过："马克思的整个世界观不是教义，而是方法。它提供的不是现成的教条，而是进一步研究的出发点和供

这种研究使用的方法。”[①]马克思主义并不限于某个学科领域，它博大精深，有科学世界观也有唯物辩证法，有无产阶级革命学说也有政治经济学。对党员干部而言，对马克思主义的信仰，是政治灵魂、精神支柱，学习马克思主义理论是做好一切工作的看家本领。对我们党员干部而言，马克思主义是建构理论自觉、完善思维方法、引领时代先声的不二法门。

马克思主义及其政党指引和带领人民群众通过实践和变革，运用客观物质力量改变不合理现实，以实现现实的幸福。正如习近平总书记所讲：“人民对美好生活的向往，就是我们的奋斗目标。”1945年党的七大的闭幕词中，毛泽东同志就曾鼓励全党，坚持把马克思主义同中国革命实际相结合，“一定要坚持下去，一定要不断地工作，我们也会感动上帝的。这个上帝不是别人，就是全中国的人民大众”。马克思主义信仰就是对人民的信仰，这一信仰高尚而光荣，这是社会的现实和历史的真实，而不是社会和历史的虚幻。无数中国共产党人用自己的汗水、热血甚至生命，为着民族的独立解放，国家和人民的繁荣富强，默默实现着这一信仰。

二是坚持共产主义远大理想，永葆共产党人对全人类终极人道关怀的政治追求。习近平总书记强调：“没有远大理想，不是合格的共产党员；离开现实工作而空谈远大理想，也不是合格的共产党员。”[②]

《党章》的总纲规定：党的最高理想和最终目标是实现共产主义。

---

① 《马克思恩格斯选集》第4卷，人民出版社1995年版，第742—743页。

② 《习近平在新进中央委员会的委员、候补委员学习贯彻党的十八大精神研讨班开班式上发表重要讲话强调毫不动摇坚持和发展中国特色社会主义在实践中不断有所发现有所创造有所前进》，载《人民日报》2013年1月6日。

大家熟悉《共产党宣言》开篇第一句：一个幽灵，共产主义的幽灵，在欧洲游荡。关于共产主义是什么，马克思在《法兰西内战》中有回答，他说，那就是让资本为劳动服务，只有开放垄断在极少数人手里的金融和资本，为一切劳动者服务、为联合起来的劳动所用，才能真正实现“个人所有制”。这样的“资本自由化”才是真正的自由的基础。

马克思在《1844年经济学哲学手稿》中同样论述了“共产主义”，他用“完成了的自然人道主义”术语来表述未来的共产主义社会。这里强调的是：其一，马克思的共产主义是全人类的国际共产主义理想，具有最大的普遍性，它不是从资本主义向共产主义过渡时期就应实施的方案，而是全人类最终的归宿；其二，马克思的共产主义是马克思对全人类的终极人道关怀；其三，马克思的共产主义高级阶段是“自由人的联合体”。在“自由人的联合体”中实现真正的人道主义，即“自由个性”的彻底解放，这就是马克思的最高理想。

马克思说：人们的交往方式构成了一定的社会关系，这个社会关系是一切的基础，在社会交往之上方才是经济交换，而在经济交换方式之上才有相应的政治组织方式。所以，无论是市场经济也好，资本主义也罢，都要依赖于社会合作关系的存在。人类的社会关系中天然地包含着各尽所能、按需分配、互助合作的因素，即使资本主义社会也离不开社会合作。这也是马克思所说的“集体无意识”存在着的共产主义。马克思所说的共产主义，有着极为朴素的现实基础，也绝对不像蓝天那么遥远，因为共产主义一天也没有离开过我们，它像空气一样与我们相伴：当你帮助一个需要帮助的人，你尊重每一个辛勤工作的劳动者，憎恨一切为富不仁的剥削者，那种在相互之间油然而生的“集体无意识”就是在我们身边游荡着的共产主义的“幽灵”。雷锋为什么我们称他为伟大的共产主义战士，就是因为在他的身上体现了共产主义的思想风范和道德品质。

我们共产党人要实现的共产主义最高理想和最终目标，就是整个人类社会的全体的“集体无意识”表现出“自由个性”的共产主义社会目标。马克思、恩格斯说，在这样的社会中，“每一个人的自由全面发展是所有人自由全面发展的条件”。今天，我们党提出要实现中华民族伟大复兴的中国梦，正是千百年来的民族梦、国家梦、人民的梦。向着这一梦想努力，实现这一伟大梦想，就必须更加坚定共产主义的远大理想，向着这一人类崇高的目标去不懈奋进。

三是坚定中国特色社会主义信念，高擎共产党人新时代团结凝聚的精神旗帜。马克思主义揭示了人类社会历史发展的客观规律，它的基本原理无疑是正确的，具有强大的生命力。我们党追求的共产主义最高理想，只有在社会主义充分发展的基础上才能实现。社会主义制度的发展和完善是一个长期的历史过程。走中国特色社会主义道路，是党领导人民历尽艰辛开辟的实现国家富强、人民幸福的唯一正确道路，我们必须坚定中国特色社会主义信念。邓小平同志曾经说：“我们实行改革开放，这是怎样搞社会主义的问题。作为制度来说，没有社会主义这个前提，改革开放就会走向资本主义。”著名经济学家胡鞍钢教授指出，中国从改革开放一开始，就面临三条道路的选择：一条是“老路”，突出表现是“两个凡是”。这条路没多长，1982 年党的十二大召开之前就到头了。另一条是“新路”，即中国特色社会主义现代化道路。它是由三大要素组成的：一是现代化因素，二是社会主义因素，三是中国文化因素。这就是我们所看到的过去30多年的历程。还有一条是“邪路”，就是转向资本主义道路，也就是我们所看到的东欧剧变的历史轨迹。在这个过程中，东欧的共产党领导人和知识分子热衷于宣传推广西方的“普世价值”，他们既是社会主义大厦内部的定时炸弹，也是国家解体、历史倒退的受害者。现在他们不少人痛定思痛，已经在反思反省，也有不少的人非常羡慕中国，因为中国不仅避免了走上邪路，而且成功地开拓了社会主义的新路。这才是人间正道。

同时，我们也不否认，在建设社会主义过程中，我们也“出现了严重曲折”。这种曲折主要表现在：分不清市场自由、贸易自由与金融自由、资本自由的区别；分不清买办金融资本家与一般企业家之间的区别；分不清国家财政手段与金融手段之间的关系。实践表明，由于区分不清，就会把市场经济等同于搞资本主义，把企业家等同于资本家。在社会主义条件下，市场经济可以也应该更为健康地发展，企业家和经营管理者应该大有作为。因此，不但企业家、商人的作用是不能取代的，而且需要社会主义的信用经济的发展作为根本保证。特别是要坚持资本为劳动服务、为产业服务的原则。背离了这一条，不但社会主义搞不成，市场经济更是搞不成。

我们要建设的中国特色社会主义，绝不是以美国为样板的劫掠成性的金融资本主义，也不是所谓的国家资本主义，而是全面超越资本主义的富有鲜明中华文明特色的社会主义。这正如毛泽东指出的那样，“我们有充分的信心，克服一切艰难困苦，将我国建设成为一个伟大的社会主义国家！我们的目的一定要达到，我们的目的一定能够达到”。这就是我们的坚定信念。1979 年是改革开放第一年，我国的国民生产总值才 1000 亿美元，当年的财政税收是 1146 亿元人民币。现在，北京市一年的地方财政税收都能够达到 3000 多亿元。当年美国的经济总量是 2.56 万亿美元，是中国的 25.6 倍，在人均收入上是中国的 100 倍。到今天，双方的经济总量已经十分接近。应当说，这只是实现理想的新起点，这是中国共产党从马克思主义诞生以来、从有共产党以来，第一次靠经济发展和其打成平局。所以，社会主义和资本主义到底谁更有利于经济社会的发展，真正的较量还在后面。

习近平总书记告诉我们，坚定理想信念，要从我们走过的道路去体会和认识。道路决定命运。我们党历尽千辛万苦探索出的这条中国特色社会主义道路，已经被实践证明是中华民族走向伟大复兴的唯一正确道路。中国特色社会主义既体现了党的最高纲领和基本纲领的统一，又体现了中国社会历史发展的规律；既符合我们独特的文化传统、独特的历史命运、独特的基本国情，又是名副其实的科学社会主义。不管世界风云如何变幻，只要我们坚定中国特色社会主义信念，坚定地沿着中国特色社会主义道路走下去，就一定能实现国家富强、民族振兴、人民幸福的中国梦。

二、始终保持共产党人的崇高理想是做合格党员的本质要求

毛泽东同志讲：“中国共产党是无产阶级的政党。无产阶级里头出了那样一部分比较先进的人，组织成一个政治性质的团体，叫共产

党。共产党里当然还有别的成分，有别的阶级如农民、小资产阶级出身的人，有别的阶级出身的知识分子。但出身是一回事，进党又是一回事，出身是非无产阶级，进党后是无产阶级，他的思想、他的行为要变成无产阶级的。” 所谓党性，就是无产阶级的最高阶级觉悟和阶级意识。党性是党员站在无产阶级的立场上表现出的思想意识、政治观点、言论行动。所以，习近平总书记说，党性说到底就是立场问题。

一个党员的党性，不是随着党龄增长和职务提升而自然提高的。过去党性强并不意味着现在党性强，现在党性强并不意味着将来党性强。如果不加强修养和锤炼，党性不仅不会提升，甚至会逐渐降低。有些党员也曾壮志凌云，埋头苦干；也曾战战兢兢，如履薄冰；也曾光环笼罩，荣誉加身。然而，有人一失足成千古恨，其中一个重要原因是，思想上掺进杂质，灵魂上发生病变。所以，加强党性修养是不容忽视、很不容易的事情，是一辈子的任务，而不是一阵子的事情。增强党性贵在日常，难在经常。我们必须时常检点自己的思想和行动，承认并改正自己的错误。马克思和女儿有一段发人深省的对话，女儿问道：“如果您犯了错误，您会轻易地承认吗？”马克思回答：“我随时都在准备着承认自己的错误。”我们学习马克思主义，也要学习马克思不断改造自我的精神和勇气。

要坚持科学理论武装。这是加强党性修养的首要任务。党的十九大提出了习近平新时代中国特色社会主义思想，为中国特色社会主义理论体系注入了新的时代内涵，是党的创新理论的最新成果。大会报告中特别强调，“要把坚定理想信念作为党的思想建设的首要任务，教育引导全党牢记党的宗旨，挺起共产党人的精神脊梁，解决好世界观、人生观、价值观这个‘总开关’问题，自觉做共产主义远大理想和中国特色社会主义共同理想的坚定信仰者和忠实实践者。弘扬马克思主义学风，推进‘两学一做’学习教育常态化制度化，以县处级以上领导干部为重点，在全党开展‘不忘初心、牢记使命’主题教育，用党的创新理论武装头脑，推动全党更加自觉地为实现新时代党的历史使命不懈奋斗。”要在真学真懂上下功夫，深刻领会习近平新时代中国特色社会主义思想的丰富内涵、精神实质和实践要求，努力把握贯穿其中的马克思主义世界观和方法论，学会用科学的立场、观点和方法认识思考和研究处理问题；要在真信真用上下功夫，切实把习近平新时代中国特色社会主义思想内化于心、外化于行，转化为价值追求和工作准则，转化为推动工作的能力素质；要在真行真改上下功夫，立学立改、立改立行，把学到的思想方法和工作方法付诸实践，扎扎实实解决制约改革发展的实际问题，达到以科学理论指导实践、推动工作、解决问题的目的。

要转变工作作风。这是加强党性修养的基本要求。党员干部的作风直接关系党的形象和事业成败。我们党是执政党，肩负着治国理政的重任，只有把自己的作风管好了、治好了，才有力量带领人民实现中国梦。要弘扬真抓实干、埋头苦干的良好风尚。发扬钉钉子精神，出实策、鼓实劲、办实事，多做打基础、利长远的事。要进一步解放思想，增强改革创新意识。要牢记入党誓言，恪尽职守。要把转变作风与加强党性修养有机结合起来，认真履行好一个党员干部的责任和义务，始终保持共产党员的良好形象。

要严格党内生活。这是加强党性修养的内在需要。严格党内生活，是我们党加强先进性建设的优良传统和一大法宝。只有严格党内生活，才能使党员干部置于党的管理、教育和监督之下。党性需要在严格的党内生活锻炼中不断增强。要自觉做坚持民主集中制的表率，充分发扬党内民主，尊重党员主体地位，保障党员民主权利，坚决防止“一言堂”和议而不决、决而不行，保证党的团结统一和行动一致。要坚持民主生活会制度，用好批评与自我批评的有力武器，本着对自己、对同志、对班子、对党高度负责的精神，坚持“团结—批评—团结”的原则，敢于揭露矛盾，敢于思想交锋，切实触及思想和灵魂。要加强党内生活的实践锻炼，坚持向党组织汇报思想、学习和工作情况，坚持接受党员和群众监督，使各种形式的党内生活都有实质性内容、都能有针对性地解决问题，以实际行动维护党内生活的严肃性和有效性。

三、切实把崇高理想信念转化为推动工作落实的具体行动

党员干部只有把树立共产主义理想和信念同中国特色社会主义的目标结合起来，并在本职工作中创造佳绩，才是对共产主义理想忠诚的表现。因此，我们要积极投身中国特色社会主义伟大实践，坚定不移地坚持党的基本路线，在自己的岗位上勤奋工作，艰苦奋斗，发挥党员干部的模范带头作用，深入实际、深入基层、深入群众，在实践中向实践学习，向群众学习，从而坚定自己的共产主义理想信念。

要严格遵守党纪党规。我们党是靠共同理想和铁的纪律组织起来的马克思主义政党，严密的组织性和纪律性是我们党的鲜明特征和取得胜利的重要保证。严守党的纪律，是维护党的高度集中统一、保持

党的先进性和纯洁性、增强党的凝聚力战斗力的必然要求。党员干部要始终坚持正确的政治立场、政治方向和政治观点，严守党的政治纪律,提高政治敏锐性,增强政治鉴别力,善于从政治上认识和判断形势、思考和处理问题；要认真贯彻党的路线方针政策，牢固树立政治意识、大局意识、核心意识、看齐意识，自觉维护党组织权威。

要真情为人民群众服务。能不能坚持为人民群众服务的根本宗旨，是衡量一名党员干部是否合格的根本标尺。党员领导干部要牢固树立公仆意识和责任意识，牢记群众利益无小事的道理，时刻把群众的安危冷暖挂在心上，为群众诚心诚意办实事、尽心竭力解难事、坚持不懈做好事，切实解决人民群众最关心、最直接、最现实的利益问题，努力做到权为民所用、情为民所系、利为民所谋。

要开拓进取勇于担当。坚持从自身工作实际出发，紧紧围绕改革发展和稳定大局，着眼于党和国家工作大局，着眼于我们正在做的事情，牢固树立创新、协调、绿色、开放、共享新的发展理念，深入贯彻落实“四个全面”战略布局，不断开拓进取，勇于担当，努力提高战略思维、历史思维、辩证思维、创新思维和底线思维能力，增强应对突发事件的能力和水平。在具体工作中，要坚持以人民利益为重、以人民期盼为念，坚定不移地推进改革创新，努力做出经得起实践、人民、历史检验的实绩。

要加强道德品行修养。道德品行是党员干部内在素养、人格魅力、道德品质的综合表现，领导干部良好的道德品行是凝聚党心民心的巨大力量。在新的历史时期，党员干部加强道德品行修养，最重要的是带头实践社会主义核心价值观，保持健康向上的生活情趣，不断提高道德水平和精神境界。

要牢固树立马克思主义的世界观、人生观、价值观和正确的权力观、地位观、利益观，打牢思想政治基础，筑牢思想政治防线，努力做到不为名所累、不为利所困、不为情所惑，自觉把精力最大限度投入到为党和人民事业奋斗的火热实践中。总之，无论共产主义目标离我们有多远，征途中遇到多少艰难，我们都要始终不渝地努力实践共产主义理想和信念，对共产主义理想的信仰始终像翠竹咬住青山一样，永不枯萎，四季常青，让理想信念的明灯永远在心中闪亮，以实际行动让党员和群众感受到理想信念的强大力量。

第六章
坚定中国特色社会主义共同理想

习近平总书记把中国特色社会主义作为世界社会主义500年发展的六个时间段中的一个完整阶段，并且提出：中国特色社会主义，是科学社会主义理论逻辑和中国社会发展历史逻辑的辩证统一，是根植于中国大地、反映中国人民意愿、适应中国和时代发展进步要求的科学社会主义，是全面建成小康社会、加快推进社会主义现代化、实现中华民族伟大复兴的必由之路。[①]坚定中国特色社会主义共同理想就是要求我们以马克思主义的立场、观点和方法来认识问题、分析问题、解决问题，毫不动摇、与时俱进发展中国特色社会主义。

第一节　中国特色社会主义是科学社会主义理论与实践发展的结晶

马克思、恩格斯生活的时代，社会主义缺乏实践的条件，使他们

① 《习近平在新进中央委员会的委员、候补委员学习贯彻党的十八大精神研讨班开班式上发表重要讲话强调毫不动摇坚持和发展中国特色社会主义在实践中不断有所发现有所创造有所前进》，载《人民日报》2013年1月6日。

来不及也不可能对社会主义的具体形式和具体细节做出完整具体的设计。同时，他们明确地反对教条式规定未来社会主义的具体形式和细节，强调科学社会主义原则的运用要以具体的历史条件为转移。这就为科学社会主义理论和实践的发展开辟了广阔前景。中国特色社会主义既坚持了科学社会主义的基本原则，又根据时代条件赋予其鲜明的中国特色，是100多年来科学社会主义理论与实践发展的结晶，是当代中国的科学社会主义。

一、中国特色社会主义坚持了科学社会主义的基本原则

科学社会主义揭示了资本主义产生、发展、灭亡的历史必然性，对未来社会主义社会的发展方向、发展过程和一般特征作了科学预测和设想。19世纪中叶，马克思、恩格斯创立科学社会主义理论，使社会主义实现了从空想到科学的伟大飞跃。科学社会主义从现实出发，从人们的社会存在出发，指出了实现社会主义的“条件和进程”。科学社会主义理论是马克思主义经典作家在深刻分析人类社会基本矛盾和历史发展一般规律的基础上创立的。自《共产党宣言》发表以来，科学社会主义走过了近170年的风雨历程。在这期间，社会主义既经历过凯歌高奏的年代，也经历过发展受挫的岁月。是成功还是挫折，从根本上说，在于是否毫不动摇地坚持科学社会主义的基本原则。中国特色社会主义道路之所以正确、之所以能够引领中国发展进步，关键就在于我们坚持了科学社会主义的基本原则。

马克思、恩格斯认为，一切社会变迁和政治变革的终极原因，应

当到生产方式和交换方式的变更中去寻找，应当到有关时代的经济中去寻找。马克思主义在社会有机体众多因素的交互作用中，在社会意识相对独立的历史更替中，在社会形态曲折发展的历史进程中，肯定了生产力的最终决定作用，并且从这个“最革命”“最活跃”的因素中找到了最现实的批判力量，创建了“关于现实的人及其历史发展的科学”，从而使社会主义学说由空想变为科学。

生产力是人类社会发展的最终决定力量，发展生产力是社会主义的根本任务。是否有利于发展社会主义的生产力，是判断改革和各方面工作是非得失的根本标准。当年马克思、恩格斯在创立科学社会主义理论时就提出，生产力的巨大增长和高度发展，是建立社会主义社会“绝对必需的实际前提”。生产资料公有制是社会主义制度的基础，是社会主义与资本主义的一个根本区别。社会主义优于资本主义，归根结底就表现在它能够创造出比资本主义更高的社会生产力和劳动生产率，为最终战胜资本主义和实现共产主义创造坚实的物质基础。科学社会主义创始人一直把实行公有制作为社会主义的一条基本原则，认为社会主义社会是“以共同占有生产资料为基础的社会”。共同富裕是社会主义革命、建设和改革的根本目的，也是社会主义优越性的根本体现。按劳分配是调动劳动者积极性、主动性、创造性和实现社会公平正义的前提。我们坚持了生产资料公有制和按劳分配原则，也就坚持了科学社会主义。《共产党宣言》中明确指出，在一定意义上，共产党人可以把自己的理论概括为一句话：消灭私有制。实现共同富裕，不搞两极分化，这是体现社会主义本质的一个重要方面。

无产阶级专政是科学社会主义的核心内容，无产阶级专政思想的诞生是科学社会主义思想体系形成的重要标志之一。坚持无产阶级专政是建立和发展社会主义的政治保证。是否承认无产阶级专政，是马克思主义与非马克思主义的分水岭和试金石。马克思、恩格斯在《共产党宣言》和《法兰西内战》等著作中都十分明确地强调无产阶级专政对实现社会主义和共产主义的重要性，在《哥达纲领批判》中提出了从资本主义社会到共产主义社会的过渡时期必须坚持无产阶级的革命专政的科学论断。列宁认为，马克思主义在国家问题上的一个最卓越的重要思想就是无产阶级专政，就是无产阶级作为统治阶级掌握国家政权。坚持工人阶级政党领导，科学社会主义是和工人阶级政党密不可分的。马克思、恩格斯的《共产党宣言》是为世界上第一个工人阶级政党“共产主义者同盟”所写的，它的发表标志着科学社会主义的创立。马克思说，工人阶级只有把自己组织起来成为政党，才能作为一个阶级来行动，才能保证社会革命获得胜利和实现革命的最高目标——消灭阶级。世界社会主义运动正反两方面的实践经验无可辩驳地证明，没有工人阶级政党的领导，就没有社会主义运动，就没有社会主义事业的不断巩固和发展。

从其阶级属性和主要内容说，马克思主义就是关于工人阶级争取自身解放和整个人类解放的科学理论，就是关于社会主义如何取代资本主义以及社会主义、共产主义发展的普遍规律的学说。正是因为有科学社会主义理论，社会主义才从空想到科学、从理论到实践、从不成熟到比较成熟不断发展。中国特色社会主义之所以是社会主义而不是别的什么主义，就在于它始终坚持以科学社会主义的基本原则为理论源泉和理论核心。

二、动态理解结合实践的原则

中国特色社会主义方法论的精髓是“结合”，这是由我国国情和历史发展的状况决定的。中国建设和发展社会主义，必须坚持马克思主义、坚持社会主义制度。但我国还处于社会主义初级阶段，不能照搬本本。因此，必须把马克思主义基本原理、社会主义基本制度、人类文明优秀成果与中国国情有机结合起来。这种结合表现在政治原则上，是既不能僵化也不能西化，既不能“左”也不能“右”；而表现在实践关系中，就是这种结合是统筹协调、把握平衡的结合。

坚持把马克思主义基本原理同中国具体实际相结合的原则，对于其中的“基本原理”应该作动态的而不是固定不变的理解。马克思主义基本原理，是经过实践反复检验而确立起来的具有普遍真理性因而也具有普遍指导作用的理论。马克思主义是由一系列相互关联的基本原理构成的科学体系，它的立场和方法就体现在这些基本原理之中。马克思主义的发展，主要表现为它的基本原理的发展。我们坚持马克思主义，是学习和掌握马克思主义基本原理，运用它的立场、观点、方法解决中国的实际问题，而不是照搬其针对特定对象的具体结论。20世纪初，列宁成功地将马克思主义的基本原理与俄国具体实际相结合，领导十月革命取得伟大胜利，建立了世界上第一个社会主义国家，实现了科学社会主义从理论到实践的伟大飞跃。同马克思、恩格斯一样，列宁也反对把现有的理论“看作某种一成不变的神圣不可侵犯的东西”，认为“社会党人如果不愿落后于实际生活，就应当在各方面把这门科学推向前进”[①]。在没有先例可循的情况下，列宁对如何实践社会主义作了开创性的探索，丰富、发展了科学社会主义理论。

然而，中国共产党人“根据他们的理论来研究中国的历史实际和革命实际”，实现了马克思主义中国化。20 世纪三四十年代在确立把马克思列宁主义普遍真理与中国具体实际相结合的原则时，其中的“普遍真理”，是指“马克思、恩格斯、列宁、斯大林他们根据实际创造出来的理论，从历史实际和革命实际中抽出来的总结论”。党的十九大报告指出，“一百年前，十月革命一声炮响，给中国送来了马克思列宁主义。中国先进分子从马克思列宁主义的科学真理中看到了解决中国问题的出路。在近代以后中国社会的剧烈运动中，在中国人民反抗封建统治和外来侵略的激烈斗争中，在马克思列宁主义同中国工人运动的结合过程中，一九二一年中国共产党应运而生。从此，中国人民谋求民族独立、人民解放和国家富强、人民幸福的斗争就有了主心骨，中国人民就从精神上由被动转为主动。”邓小平曾经说：“任何国家的事情只能由那个国家的马列主义者和共产主义者自己去判断。”马克思主义只能在实践中发展，而各国的实践都有由其特定社会历史条件、基本国情所决定的特殊性。所以马克思主义基本原理是通过与各不同国家具体实践相结合而发展的。离开这种结合，就没有基本原理的发展。

我们党大力推进马克思主义中国化，形成了毛泽东思想和中国特色社会主义理论体系两大成果，这正与中国在世界上的地位、中国特色社

---

① 《列宁选集》第 1 卷，人民出版社 1995 年版，第 274 页。

会主义在世界社会主义运动中地位的飞跃发展相适应。中国共产党人对马克思主义基本原理的贡献，实际上在我们提出马克思主义中国化和“结合”原则之前就已经开始了。比如，马克思主义认识论科学体系中的许多重要原理，其经典的出处正是毛泽东1937年写作的《实践论》。今天我们坚持“结合”原则，其中的“基本原理”，包括中国共产党人的贡献，包括此前已经取得的中国化马克思主义中的理论成果。

中国是世界上人口最多的国家。中国共产党成立以来，领导中国人民在全国规模上和长达近一个世纪的时间中把马克思主义同亿万群众的实践相结合，改变了近代以后中国人民和中华民族的前途和命运，也改变了中华民族发展的方向和进程，还改变了世界发展的趋势和格局。这是世界历史上的奇迹，也是马克思主义发展史上空前的大事件。在马克思主义100多年的发展史中，中国共产党90多年来把马克思主义同中国实际相结合的历史具有极为重要的地位。马克思主义基本原理在同中国实际相结合中获得了巨大发展，丰富了它的内容。毛泽东同志说：“马克思没有做过中国这样大的革命，我们的实践超过了马克思，实践当中是要出道理的。这种革命的实践，反映在意识形态上，这就是理论。”这是由理论与实践的关系，由马克思主义必然在实践中不断发展的客观规律所决定的，也是马克思主义发展史上的事实。当然，马克思主义中国化的思想理论成果既具有普遍性，也具有特殊性。其中哪些是具有普遍真理性的基本原理，哪些是只适合中国特殊国情的经验和理论，这就需要超出中国一国范围的长期、广泛的社会实践和更加深入的探讨分析来鉴别和检验的。

三、关键在于具有“中国特色”

中华人民共和国成立后，中国共产党领导人民开始社会主义革命和建设的伟大实践。在只有苏联模式可学的情况下，我们在开始进行社会主义建设时走了照搬苏联经验的路子。但是，我们党很快就觉察到苏联模式的种种弊端，果断决定独立探索适合中国国情的社会主义建设道路。这一探索尽管曾出现过脱离实际的严重失误，却还是取得了巨大的成绩，形成了关于社会主义建设的许多独创性的理论成果和实践成果。

中国革命、建设和改革的实践反复证明，什么时候从国情出发、与实际相结合，就取得成功；什么时候照抄本本、照搬外国模式，就遭受挫折。中国特色社会主义道路之所以正确、之所以能够引领中国发展进步，关键还在于我们根据我国实际赋予其鲜明的中国特色。所以，邓小平同志特别强调，我们讲的社会主义，是马克思主义基本原理同中国现代化建设相结合的产物，是切合中国实际的有中国特色的社会主义，是扎根于当代中国的科学社会主义。我国正处于并将长期处于社会主义初级阶段，这是当代中国的最大实际。这个实际说明几个道理：一是我国已经是社会主义社会，因此我们必须始终坚持科学社会主义的基本原则而不能丝毫违背这些基本原则。二是我国仍然处于生产力不发达、社会主义制度不完善的阶段，因此我们必须把科学社会主义的基本原则同中国实际紧密结合起来，必须体现中国特色。习近平总书记在党的十九大报告中指出，“我们党深刻认识到，实现中华民族伟大复兴，必须合乎时代潮流、顺应人民意愿，勇于改革开放，让党和人民事业始终充满奋勇前进的强大动力。我们党团结带领人民进行改革开放新的伟大革命，破除阻碍国家和民族发展的一切思想和体制障碍，开辟了中国特色社会主义道路，使中国大踏步赶上时代。”

公有制为主体、按劳分配、共同富裕等，我们就是要坚决执行和实现这些社会主义的原则。科学社会主义创始人对社会主义的设想和他们提出的科学社会主义基本原则的最终实现，需要一个过程。在新的历史时期，我们党坚持解放思想、实事求是，深刻总结历史经验教训，正确判断时代主题和基本国情，经过30多年的努力，形成了中国特色社会主义道路、中国特色社会主义理论体系、中国特色社会主义制度、中国特色社会主义文化的伟大成果，取得了中国特色社会主义建设的巨大成就。

我们党始终将其作为核心价值追求，始终将其作为进行改革开放和理论创新、实践创新、制度创新、文化创新的“魂”。这样一种追求，这样的“魂”，鲜明地体现在改革开放新时期我们党所制定的路线、方针、政策中。我国社会主义基本制度是建立在经济文化都比较落后的现实基础之上的。不解放生产力，就不可能发展生产力。社会主义基本制度确立之后，我们还要从根本上改变束缚生产力发展的体制性障碍，建立起充满生机和活力的社会主义经济制度，促进生产力发展。要做到这一点，就必须改革，通过改革进一步解放生产力和发展生产力。社会主义市场经济，是社会主义基本制度与市场经济体制的结合，既发挥市场经济的长处，又发挥社会主义制度的优越性；既解放生产力，又发展生产力，我们的创造性和特色也就体现在这里。经济体制改革的目标，是建立和完善社会主义市场经济体制。

中国特色社会主义成为当代中国的科学社会主义，关键在于它具有的“中国特色”。这种“中国特色”既是对科学社会主义的坚持，又是对科学社会主义的丰富和发展。我们党既坚持科学社会主义的基本原则，坚决反对和抵制偏离社会主义方向的错误思潮和吸取不顾历史条件生搬硬套本本的历史教训，破除对科学社会主义基本原则的教条式理解。而真正将其与当代中国的具体实际结合起来，从而形成了鲜明的“中国特色”。当代中国最大的实际是处于社会主义初级阶段，社会主义的根本任务是发展社会生产力，解决人民日益增长的美好生活需要和不平衡不充分的发展之间的矛盾。改革开放，包括发展社会主义市场经济，借鉴吸收西方资木主义国家有益的东西，等等，都是围绕着社会主义条件下发展社会生产力这一根本任务的。而发展社会生产力，正是科学社会主义要义。

第二节　中国特色社会主义是近代以来中国社会发展的必然选择

习近平总书记指出，一个国家实行什么样的主义，关键要看这个主义能否解决这个国家面临的历史性课题。历史和现实都告诉我们，只有社会主义才能救中国，只有中国特色社会主义才能发展中国，这是历史的结论、人民的选择。[①]这一重要论述表明：中国特色社会主

① 《习近平在新进中央委员会的委员、候补委员学习贯彻党的十八大精神研讨班开班式上发表重要讲话强调毫不动摇坚持和发展中国特色社会主义在实践中不断有所发现有所创造有所前进》，载《人民日报》2013年1月6日。

义是近代以来中国社会发展的必然选择。党的十九大报告指出，“我们中华民族有五千多年的文明历史，创造了灿烂的中华文明，为人类作出了卓越贡献，成为世界上伟大的民族。鸦片战争后，中国陷入内忧外患的黑暗境地，中国人民经历了战乱频仍、山河破碎、民不聊生的深重苦难。为了民族复兴，无数仁人志士不屈不挠、前仆后继，进行了可歌可泣的斗争，进行了各式各样的尝试，但终究未能改变旧中国的社会性质和中国人民的悲惨命运。”中国为什么发展变化快？为什么在短短60多年中一反过去贫困落后、受人欺凌、被动挨打的状态而稳定地走上奔向富裕安康的广阔大道？原因很多，根本原因在于，推翻了腐朽落后的半殖民地半封建的社会制度，建立起了社会主义制度，开辟了中国特色社会主义道路，生产关系从严重阻碍社会生产力发展改变为基本适应社会生产力发展的要求，上层建筑从严重阻碍社会发展改变为基本适应社会主义经济基础和社会全面进步的要求。一句话，是社会主义制度即社会主义生产关系和上层建筑体系带来了中国社会的巨大发展变化。我们说只有社会主义才能救中国，只有中国特色社会主义才能发展中国，其实质就是指只有社会主义生产关系才能促进中国社会生产力发展，只有社会主义上层建筑才能促进中国社会主义经济基础巩固，只有社会主义才能带来中国的繁荣兴旺，使广大人民过上好日子，走向共同富裕。

一、只有社会主义才能救中国

社会主义是从根本上消灭剥削阶级的统治进而实现共产主义的制

度。1840年鸦片战争以后，中国逐步沦为半殖民地半封建社会，陷入国弱民穷的深重灾难。许多志士仁人为救国救民、振兴中华进行了各种各样的探求和尝试，但都由于不可避免的历史局限性而归于失败。洋务派搞师夷长技以制夷，但清朝军队在有了洋枪洋炮以后照样一败涂地。资产阶级改良派想用“补缀”的办法挽救清王朝大厦于将倾，最终也以失败告终。孙中山先生领导的辛亥革命推翻了2000多年的封建帝制，极大地推动了社会进步，但未能改变国家和人民的悲惨命运。辛亥革命以后，中国的有识之士开始了更为广泛的探索。一时间，无政府主义、国家主义、民粹主义、新村主义、工团主义，还包括当时中国人了解并不多的社会主义等各种主义、思潮蜂拥而起。从1840年鸦片战争到1911年辛亥革命，面对外国侵略和本国的封建君主专制，中国人民进行了种种探索尝试都已失败告终。以李大钊、陈独秀及毛泽东同志等为代表的先进分子，在对各种主义反复进行比较后，认识到社会主义才是最先进的主义，只有社会主义才能救中国，从而最终选择了走俄国十月革命的道路。

近代中国历史发展证明了一个颠扑不破的真理：只有社会主义能够救中国。原著名实业家荣毅仁在1993年回顾自己和自己家族的经历时，说了这样一段感人的话：“我在旧社会继承父辈的十几年中，即便以我们当时所具有的较大的资本和较高的社会知名度，乃至与当权者的交谊，最终也未能幸免于日本侵略者造成的劫难和国民党腐败政权的压榨，别的民族工商业者还能有什么更好的出路？事实说明，资本主义道路在中国，就只能是殖民地、半殖民地道路。而这条道路，对每个真正要做独立的、正直的中国人的工商业者来说都是穷途末路”。他举例说，父亲一辈曾经把希望寄托给北伐以后的国民党政府，可是蒋介石上台后对我们的第一手，却是无端通缉了我的伯父荣宗敬，敲诈了10万银圆。直到抗战胜利以后，蒋介石的淞沪警备司令部特务还把我70岁的父亲荣德生绑去40多天，勒索了20多万美元的赎金，还给所谓“破了案”的警备司令部送更多的酬劳。他深有体会地说：“从资本主义走过来的人，走了40多年社会主义道路，我体会到一个真理，就是只有社会主义才能救中国，只有社会主义才能发展中国。”从这个近代中国著名的实业家的家族史中，我们可以深切体会到，资本主义道路在中国是走不通的。一个家族的历史，反映了民族资本主义在旧中国的命运。在近代中国，从19世纪60年代起始，清末的洋务运动开始创办以军事工业为主的近代工业，到70年代初，有了民族资本主义创办的近代工业。曾任国民党政府代总统的李宗仁，1964年在美国听到新中国第一颗原子弹爆炸的消息后，对友人感叹说，不能不服气啊。我们搞了20多年，连一辆像样的单车（指自行车）都造不出来。资本主义经过近百年的发展，始终未能成为中国社会经济的主要形式。到1949年，在国民经济中，近代工业只占17%，年产钢18万吨，铁24.6万吨，煤3098万吨，棉布3018万匹。而其中民族工业资本，1949年（按1952年人民币的币值计算）仅有20.08亿元，而且主要是轻纺和食品加工工业。雇工500人以上的工厂，只占资本主义工厂的0.1%，69.7%的工厂的工人不到10个人，而且79.1%的工厂还是属于工场手工业，没有现代化的机器设备。毛泽东同志曾经形象地说：旧社会给我们留下的东西太少了，“现在我们能造什么？能造桌子椅子，能造茶碗茶壶，能种粮食，还能磨成面粉，还能造纸，但是，一辆汽车、一架飞机、一辆坦克、一辆拖拉机都不能造”。这就是说，资本主义经济在中国经过中国七八十年的发展，仍然是十分微弱的。毫无疑义，用资本主义代替封建主义，是历史的巨大进步，但是，在帝国主义、封建主义和官僚资本主义的压迫下，近代中国这种向上发展的趋势受到了严重的压抑，企求通过发展资本主义来实现国家富强终于成为一场梦幻，而逐渐向下沉沦为半殖民地半封建社会。1921年中国共产党成立后，中国革命焕然一新。经历28年后推翻三座大山，建立新中国。社会主义革命就是以推翻资本主义制度建立社会主义制度和实现共产主义为目的的革命。

虽然历史已经判明近代中国不可能走上独立发展资本主义的道路，但是，在一定的气候下，特别是在西方反共势力“西化”“分化”社会主义中国的蛊惑下，一些人会利用我们改革之机和前进中出现的困难，迷恋过去，向往西方，鼓吹他们所冀望的“人间正道私有化”。他们把资本主义说得十分美妙，有的论者甚至说，“如果中国当时执行一条‘孙子’战略（此人特别声明：不是孙子兵法的孙子，而是爷爷孙子的孙子），随便搭上哪一条顺风船，或许现在的中国会强得多。比如追随美国，可能我们今天就是日本”。事实上，无论是过去还是现在，中国都不可能搭上这样的顺风船而变成发达的资本主义国家，而给人家当“孙子”却是绝对的。这只能使我们倒退到旧中国的老路上去。因此，这股鼓吹私有化、鼓吹走资本主义道路的社会思潮，理所当然地受到中国人民的反对和唾弃。

我们决不能允许危害人民根本利益的私有化思潮得逞，受制于一个或某几个大国，失去民族独立的地位。我们必须清醒地认识到，走资本主义道路的企图，势必引起整个社会的动荡，特别是在国内外反共势力的勾结下，煽动和扶植民族分裂势力，从而导致国家四分五裂。而且，在国际强权政治、资本垄断的情势下，如果不依靠社会主义能够集中力量办大事的优势，不依靠强大的社会主义国有企业，单个的资本家是没有能力参与竞争的，其结果只能是依附。苏联解体所造成的亡党亡国、民族分裂、社会倒退的历史教训，是值得我们认真汲取的。所以，那股私有化社会思潮，是反映了改革开放和现代化建设中逆向发展的要求，是要把我们的改革开放和现代化建设引向资本主义的邪路。这对中国来说，是一条万劫不复的死路。

二、只有中国特色社会主义才能发展中国

从建党到建国再到 30 多年来的改革开放，社会主义在中国所取得的巨大成就证明了“没有共产党就没有新中国，更没有中国特色的社会主义”这一论点。在社会主义初级阶段，不能搞私有制，也不能搞单一公有制。要把坚持公有制为主体、促进非公有制经济发展统一于社会主义现代化建设的进程中，形成各种所有制经济平等竞争、相互促进的新格局。公有制为主体、多种所有制经济共同发展，是社会主义初级阶段的基本经济制度。必须毫不动摇地巩固和发展公有制经济，毫不动摇地鼓励、支持和引导非公有制经济发展。公有制为主体、多种所有制经济共同发展的基本经济制度，要求确立劳动、资本、技术和管理等生产要素按贡献参与分配的原则，坚持按劳分配为主体、多种分配方式并存的分配制度。

共同富裕是社会主义的根本目标，必须逐步实现全社会的共同富裕。在社会主义初级阶段，由于生产力不发达、经济发展不平衡，共同富裕的实现必然是一个过程，同步富裕、平均富裕是不可能的。为了实现共同富裕，必须允许和鼓励一部分地区、一部分人通过诚实劳动、合法经营先富起来，以带动越来越多的地区和人们走上致富之路。既要鼓励先进，促进效率，合理拉开差距；又要规范分配秩序，着力解决影响社会公平正义的突出问题，防止两极分化，逐步实现共同富裕。

实行人民代表大会制度，是中国社会主义民主政治最鲜明的特点。邓小平同志说，人民民主专政“实质上也就是无产阶级专政，但是人民民主专政的提法更适合于我们的国情”。我国《宪法》规定：“中华人民共和国是工人阶级领导的、以工农联盟为基础的人民民主专政的社会主义国家。”实行人民民主专政，是马克思列宁主义关于无产阶级专政的理论同我国具体实际相结合的产物，是中国共产党人的一个创造。它体现了民主与专政的辩证统一，突出了不断发展社会主义民主，切实保护人民的利益，坚决维护国家的主权、安全、统一和稳定的职能。与人民民主专政的国体相适应，我国的政体是采取民主集中制的人民代表大会制度。

中国共产党是中国工人阶级的先锋队，同时是中国人民和中华民族的先锋队，是各族人民利益的忠实代表，是中国特色社会主义事业的领导核心。在中国共产党的领导下实行多党合作和政治协商，这是社会主义民主政治制度的重要形式。这是我国具体历史条件和现实条件所决定的，也是我国政治制度中的一个特点和优点。为了更好地发挥这一政治制度的优势，必须坚持党的领导、人民当家作主和依法治国的有机统一，加强基层民主建设，加强社会主义法制建设，尊重和保障社会主义的民主、自由和人权，不断推进社会主义政治制度的自我完善和发展。

中国共产党从诞生之日起，就把马克思主义确立为自己的指导思想。在长期领导中国革命、建设和改革的过程中，我们党始终坚持把马克思主义基本原理同中国具体实际相结合，解放思想、实事求是、与时俱进，形成了毛泽东思想、邓小平理论、“三个代表”重要思想三大理论成果，形成了科学发展观等一系列重大战略思想，不断发展具有鲜明实践特色、民族特色和时代特色的中国化的马克思主义。在当代中国，必须坚持用马克思主义中国化最新成果武装全党、教育人民，以社会主义核心价值体系为根本建设和谐文化，最大限度地形成社会共识，打牢全党全国各族人民团结奋斗的共同思想基础。

三、走中国特色社会主义道路是历史的选择，更是人民的选择

走中国特色社会主义道路，是历史的选择，更是人民的选择。中国的先进分子从俄国十月革命的胜利中，看到了中国新的出路不是资本主义而是社会主义。中国共产党把马列主义的普遍真理同中国革命的具体实践相结合，为中国人民选择了通过新民主主义革命走向社会主义的道路。这一历史性的选择，是中国人民历尽千辛万苦才找到的，是中国社会矛盾发展的必然结果。在中国共产党的领导下，中国人民推翻了帝国主义、封建主义和官僚资本主义三座大山，取得了新民主

主义革命的胜利，从根本上改变了中国半殖民地半封建社会的性质。在大规模开始建设社会主义的过程中，我们取得了成功的经验，也出现了一些曲折。1978 年秋冬，几乎是与党的十一届三中全会实现伟大历史转折的同时，中国农民为吃饱肚子，自发地开始了改变农村生产关系、促进农村生产力发展的改革。邓小平同志对改革开放的总体设计，第一步目标就是解决人民的温饱问题。之后，以江泽民同志为核心的党的第三代中央领导集体和以胡锦涛同志为总书记的党中央，领导党和人民继续推进中国特色社会主义，也一如既往地坚持高度尊重人民的意愿和要求，以人民的选择为选择。党的十八大以来，中国特色社会主义道路和理论继续创新，人民的道路自信、理论自信、制度自信和文化自信愈发坚定。

从社会主义救中国到党领导人民选择中国特色社会主义发展中国的历程深刻地说明：中华人民共和国成立后我们党对社会主义的探索和实践、我们党做出进行改革开放的历史决策并开创和发展中国特色社会主义。中国特色社会主义是党和人民 90 多年奋斗、创造、积累的根本成就，是改革开放 30 多年实践的根本总结，凝结着实现中华民族伟大复兴这个近代以来中华民族的伟大梦想，也体现着近代以来人类对社会主义的美好憧憬和不懈探索。习近平总书记对社会主义 500 年发展史所作的深入全面的论述，深刻揭示了中国特色社会主义从哪里来、往哪里去的问题。

党的十九大报告强调："九十六年来，为了实现中华民族伟大复兴的历史使命，无论是弱小还是强大，无论是顺境还是逆境，我们党都初心不改、矢志不渝，团结带领人民历经千难万险，付出巨大牺牲，敢于面对曲折，勇于修正错误，攻克了一个又一个看似不可攻克的难关，创造了一个又一个彪炳史册的人间奇迹。”“使命呼唤担当，使命引领未来。我们要不负人民重托、无愧历史选择，在新时代中国特色社会主义的伟大实践中，以党的坚强领导和顽强奋斗，激励全体中华儿女不断奋进，凝聚起同心共筑中国梦的磅礴力量！”

第三节　推动中国特色社会主义道路越走越宽广

习近平总书记指出，无论搞革命、搞建设、搞改革，道路问题都是最根本的问题。一直以来我们能够创造出人类历史上前无古人的发展成就，走出了正确道路是根本原因。现在，最关键的是坚定不移走这条道路、与时俱进拓展这条道路，推动中国特色社会主义道路越走越宽广。[①]党的十九大报告指出：“中国特色社会主义进入新时代，意味着近代以来久经磨难的中华民族迎来了从站起来、富起来到强起来的伟大飞跃，迎来了实现中华民族伟大复兴的光明前景；意味着科学社会主义在二十一世纪的中国焕发出强大生机活力，在世界上高高举起了中国特色社会主义伟大旗帜；意味着中国特色社会主义道路、理论、制度、文化不断发展，拓展了发展中国家走向现代化的途径，给世界上那些既希望加快发展又希望保持自身独立性的国家和民族提供了全新选择，为解决人类问题贡献了中国智慧和中国方案。”“这

① 《习近平在中共中央政治局第七次集体学习时强调在对历史的深入思考中更好走向未来交出发展中国特色社会主义合格答卷》，载《人民日报》2013年6月27日。

个新时代，是承前启后、继往开来、在新的历史条件下继续夺取中国特色社会主义伟大胜利的时代，是决胜全面建成小康社会、进而全面建设社会主义现代化强国的时代，是全国各族人民团结奋斗、不断创造美好生活、逐步实现全体人民共同富裕的时代，是全体中华儿女勠力同心、奋力实现中华民族伟大复兴中国梦的时代，是我国日益走近世界舞台中央、不断为人类作出更大贡献的时代。”这为我们在新形势下坚持和发展中国特色社会主义提供了基本遵循，也为我们推动中国特色社会主义道路越走越宽广指明了方向。

一、不断丰富中国特色社会主义时代内涵

中国特色社会主义道路、理论体系、制度体现了中国特色社会主义的实践形态、理论形态、制度形态，三者统一于中国特色社会主义伟大实践。中国特色社会主义既坚持科学社会主义基本原则，又根据时代条件赋予其鲜明的中国特色，科学回答了在中国这样的巨型国家、最大发展中国家如何建设社会主义的难题，既符合中国国情，又具有世界意义。党的十八大以来，以习近平同志为核心的党中央紧紧围绕坚持和发展中国特色社会主义这个主题，提出了习近平新时代中国特色社会主义思想，推进中国特色社会主义理论创新、实践创新、制度创新、文化创新，赋予了中国特色社会主义新篇章以丰富的时代内涵。

比如：提出关于实现中华民族伟大复兴中国梦的思想，明确了实现中国梦要坚持中国道路、弘扬中国精神、凝聚中国力量；提出关于实现国家治理体系和治理能力现代化的思想，明确了“完善和发展中

国特色社会主义制度，推进国家治理体系和治理能力现代化”这个全面深化改革的总目标；提出关于以人民为中心的发展思想，关于我国经济发展进入新常态的思想，关于推进供给侧结构性改革的思想等，开拓了马克思主义政治经济学新境界；提出关于协调推进“四个全面”战略布局的思想，明确了我们党在新形势下治国理政的总方略；提出关于全面推进国防和军队建设的思想，开辟了党的军事指导理论新境界；提出关于推动构建以合作共赢为核心的新型国际关系、打造人类命运共同体的思想，推进外交理论和实践创新，为实现中华民族伟大复兴营造良好国际环境；等等。这一系列新思想，进一步丰富和发展了党的科学理论。

发展理念是管全局、管根本、管长远的，具有战略性、纲领性、引领性。面对全面建成小康社会决胜阶段复杂的国内外形势，面对当前经济社会发展新趋势新机遇和新矛盾新挑战，党的十八届五中全会提出了创新、协调、绿色、开放、共享的新发展理念，标志着我们党对经济社会发展规律认识的进一步深化。习近平总书记系统阐述了新发展理念的内涵和要求，指出新发展理念“在理论和实践上有新的突破，对破解发展难题、增强发展动力、厚植发展优势具有重大指导意义”[①]。新发展理念在发展内容上，强调协调是可持续发展的必然要求；在发展条件上，强调绿色是中华民族永续发展的基础和前提；在发展动力上，强调创新是引领发展的第一动力；在发展的外部环境上，强调开放是中国发展的必然选择；在发展目标上，强调共享是中国特色

① 习近平：《关于〈中共中央关于制定国民经济和社会发展第十三个五年规划的建议〉的说明》，载《人民日报》2015年11月4日。

社会主义的本质要求。新发展理念坚持以人民为中心的发展思想，突出目标牵引、聚焦问题导向、着力补齐短板，深刻揭示了在当今时代实现更高质量、更有效率、更加公平、更可持续发展的科学路径，是关系我国发展全局的一场深刻变革。

协调推进全面建成小康社会、全面深化改革、全面依法治国、全面从严治党，是我们党治国理政方略与时俱进的新创造，是马克思主义与中国实践相结合的新发展。全面建成小康社会是实现中华民族伟大复兴中国梦的关键一步。全面深化改革是推进国家治理体系和治理能力现代化的活力之源。全面依法治国是实现国家长治久安的基础工程。全面从严治党是保持党的先进性和纯洁性的关键所在。协调推进“四个全面”战略布局，不仅是我们党在新形势下治国理政的总方略，也是事关党和国家长远发展的总战略。“四个全面”相辅相成、相互促进、相得益彰，既有战略目标又有战略举措，既有全局又有重点，是有机联系、相互贯通的顶层设计，全面深化了对共产党执政规律、社会主义建设规律、人类社会发展规律的认识。

科学社会主义是一种理论，也是一种运动。中国特色社会主义是当代中国的科学社会主义，但绝不是科学社会主义的终结，还需要不断地向前拓展。一方面，这是科学理论自身发展的需要。中国特色社会主义我们毕竟只搞了30多年，对其客观规律的认识和把握还处在不断深化、提高的过程中。另一方面，是客观实际发展的需要。当前，中国特色社会主义所面临的内外环境更趋复杂，每前进一步都会遇到新的问题，我们必须直面并及时回答客观实际发展所提出的新课题。世界上没有一成不变的发展道路和发展模式，也没有一成不变的发展理论，这是对中国特色社会主义理论需要与时俱进的生动注解。

二、不断根植中国特色社会主义深厚基础

当前，面对世界空前激烈的综合国力竞争，面对国内艰巨的改革发展稳定任务，面对实现“两个一百年”奋斗目标和中华民族伟大复兴中国梦的时代召唤，用中国特色社会主义伟大旗帜凝聚人心、开创未来，是摆在我们面前最重要最紧迫的课题。习近平新时代中国特色社会主义思想有深厚的历史底蕴、科学的哲学基础、深邃的文化内涵、鲜明的实践特质，为根植中国特色社会主义提供了深厚基础。

交上中国特色社会主义这篇答卷，既要从世界社会主义500年的发展脉络中认识中国特色社会主义的历史方位，又要从中华文明5000年的历史传承中把握中国道路的历史纵深，还要从历史上治国理政实践中总结推进国家治理现代化的经验。历史是一面镜子，学史可以看成败、鉴得失、知兴替。在历史的宏大视野中，如果把世界社会主义比作一部气势恢宏、跌宕起伏的交响乐，中国特色社会主义就是其中的华彩乐章。在中华民族漫长的历史进程中积累了丰富的治国理政经验，其中既有和平盛世社会发展进步的成功经验，也有衰乱之世社会动荡不安的深刻教训。因此，历史上发生过的很多事情可以作为今天的镜鉴，治理国家和社会，今天遇到的很多事情可以在历史上找到影子。深厚的历史底蕴使中国特色社会主义能够借鉴历史经验、吸取历史教训，以史为鉴、更好前进。

马克思说：“哲学家们只是用不同方式解释世界，问题在于改变

世界。”重视哲学、学习哲学是我们党的优良传统，马克思主义哲学是我们党的基本功和看家本领。2013 年 12 月 3 日中共中央政治局第十一次集体学习和 2015 年 1 月 23 日中共中央政治局第二十次集体学习，主题分别是“历史唯物主义基本原理和方法论”和“辩证唯物主义基本原理和方法论”。正是由于系统掌握了马克思主义哲学的世界观和方法论，党的十八大以来，我们党才能排除一切干扰，毫不动摇地坚持和发展中国特色社会主义，并且以一系列富有创造性的思想观点、理念理论和战略决策、战略部署，推动中国特色社会主义事业实现新发展。比如，“四个全面”战略布局和创新、协调、绿色、开放、共享的新发展理念，反映了直面中国问题的实践论、人民至上的历史主体论、相互促进和协调推进的方法论，是运用马克思主义哲学指导实践的生动体现。科学的哲学基础，使我们在进行具有许多新的历史特点的伟大斗争时，能够始终保持战略定力，增强前瞻性、科学性、系统性。

5000 年的中华文化代代相传、生生不息，中华民族伟大复兴要以中华文化复兴为条件。中华优秀传统文化是中华民族的突出优势，积淀着中华民族最深沉的精神追求，为中华民族发展壮大提供了丰厚滋养。对发展中国特色社会主义来说，经济是基础，文化是支撑和内涵。从重要性看，中华文化是中华民族的精神命脉，是涵养社会主义核心价值观的重要源泉，也是我们在世界文化激荡碰撞中站稳脚跟的根基，培育和弘扬社会主义核心价值观必须继承和发扬中华优秀传统文化。从具体内涵方面看要挖掘和阐发中华文化讲仁爱、重民本、守诚信、崇正义、尚和合、求大同的丰富内涵和时代价值。从方法上来看，不忘本才能开辟未来，善于继承才能更好地创新，对中华传统文化要有鉴别地加以对待、有扬弃地予以继承。关键是做好传统文化的创造性转化和创新性发展，把跨越时空、超越国度、富有永恒魅力和具有当代价值的文化精神弘扬起来，把继承了优秀传统文化又富有着时代精神、立足本国又面向世界的中华文化成果传播出去。深邃的文化内涵，使中国特色社会主义发展和中华民族伟大复兴具备坚实的文化基础。

习近平总书记指出空谈误国，实干兴邦。要抓实、再抓实，不抓实，再好的蓝图只能是一纸空文，再近的目标只能是镜花水月。这些都是在实践中总结，具有鲜明的实践特质。改革开放以来，中国特色社会主义的发展充分体现了马克思主义哲学实践第一的基本观点。没有实践的精神、创新的追求、探索的勇气，就没有改革开放和中国道路。党的十八大以来，以习近平同志为核心的党中央带领全国人民以踏石留印、抓铁有痕的劲头，锲而不舍、勇往直前的恒心，落细落小落实的韧性，艰苦奋斗、不懈奋斗、接力奋斗，中华民族伟大复兴呈现前所未有的光明前景，鲜明的实践特质使中国特色社会主义焕发更为旺盛的生机活力。

三、不断朝着中华民族伟大复兴的中国梦奋进

中国特色社会主义是社会主义的成功之路，是国强民富的成功之路，是民族复兴的成功之路。我们要靠坚持和发展中国特色社会主义在中国共产党成立 100 周年时全面建成小康社会；我们要靠坚持和发展中国特色社会主义在中华人民共和国成立 100 周年时达到中等发达

国家水平；我们要靠坚持和发展中国特色社会主义实现中华民族伟大复兴的中国梦。正如习近平总书记指出的，我们的方向就是中国特色社会主义道路。我们要牢牢把握我国发展的阶段性特征，牢牢把握人民群众对美好生活的向往，提出新的思路、新的战略、新的举措，继续统筹推进“五位一体”总体布局、协调推进“四个全面”战略布局，决胜全面建成小康社会，夺取中国特色社会主义伟大胜利，为实现中华民族伟大复兴的中国梦不懈奋斗。①

我们的改革是有方向、有立场、有原则的。如果偏离了完善和发展中国特色社会主义制度，偏离了坚持和改善党的领导，就南辕北辙了。坚持和发展中国特色社会主义，要完善和发展中国特色社会主义制度，这是中国特色制度模式选择的根本方向。中国是个大国，决不能在根本问题上出现颠覆性错误，有些不能改的，再过多长时间也不改。

国家治理体系和治理能力是一个国家制度和制度执行能力的集中体现。国家治理体系和治理能力是一个有机整体，相辅相成，有了好的国家治理体系才能提高治理能力，提高国家治理能力才能充分发挥国家治理体系的效能。坚持和发展中国特色社会主义，要实现国家治理体系和治理能力现代化，我国的国家治理体系是在中国共产党领导下管理国家的制度体系，包括经济、政治、文化、社会、生态文明和党的建设等领域在内的一整套的制度和制度体系安排；国家治理能力

① 《习近平在省部级主要领导干部“学习习近平总书记重要讲话精神，迎接党的十九大”专题研讨班开班式上发表重要讲话强调高举中国特色社会主义伟大旗帜为决胜全面小康社会实现中国梦而奋斗》，载《人民日报》2017 年 7 月 28 日。

则是运用国家制度管理社会各方面事务的能力，包括改革发展稳定、内政外交国防、治党治国治军等各个方面能力。这是中国特色制度模式的内涵和形成路径。习近平总书记还指出，中国特色制度模式中的国家治理体系，是在我国历史传承、文化传统、经济社会发展的基础上长期发展、渐进改进、内生性演化的结果，是我们坚持独立自主选择自己的道路，走出了一条不同于西方国家的成功发展道路，形成了一套不同于西方国家的成功制度体系。我们从中国国情出发，走自己的路。我们要吸收借鉴人类政治文明的有益成果，但绝不照搬西方政治制度模式。

坚持和发展中国特色社会主义，要提升以人为本理念和民生建设。马克思、恩格斯在创立自己理论过程中多次指出，他们的理论是科学性、阶级性和人民性的统一。也就是说一切为了人民、一切依靠人民，是马克思主义的价值理念和政治立场。因此，这个价值理念和政治立场始终贯穿于我们党领导人民进行革命、建设和改革的整个过程中。2012年11月15日，习近平同志当选为中共中央总书记后在同中外记者见面讲话中，就鲜明表达了新一届中共中央以人为本的民生理念。他说，我们的人民热爱生活，期盼有更好的教育、更稳定的工作、更满意的收入、更可靠的社会保障、更高水平的医疗卫生服务、更舒适的居住条件、更优美的环境。随着这个目标实现的期限越来越近，人们对它的期盼也越来越强烈。人民对美好生活的向往，就是我们的奋斗目标。[①] 实现全面建成小康社会与全国各族人民的幸福安康息息相

---

① 《习近平在十八届中共中央政治局常委同中外记者见面时强调人民对美好生活的向往就是我们的奋斗目标》，载《人民日报》2012年11月16日。

关。习近平总书记指出，我们要建成的全面小康，是干部清正、政府清廉、政治清明的全面小康；是破除城乡二元结构，建设农民幸福生活的美好家园的全面小康；是国家物质力量和精神力量都增强，全国各族人民物质生活和精神生活都改善的全面小康；是让人民群众在每一个司法案件中都感受到公平正义的全面小康；是望得见山、看得见水、记得住乡愁的全面小康；是为实现中国梦提供坚强力量支撑的全面小康等。全面建成小康社会是实现中华民族伟大复兴中国梦的重要基础、关键一步。全面建成小康社会与中华民族伟大复兴中国梦，是紧密衔接发展阶段。习近平总书记在党的十九大报告中强调，“从全面建成小康社会到基本实现现代化，再到全面建成社会主义现代化强国，是新时代中国特色社会主义发展的战略安排。我们要坚忍不拔、锲而不舍，奋力谱写社会主义现代化新征程的壮丽篇章！”

党的十八大以来，习近平总书记从坚持和发展中国特色社会主义战略全局出发，提出并形成协调推进“四个全面”战略布局，体现了一切为了人民、一切依靠人民的社会主义价值理念和政治立场。全面建设小康社会，是居于引领位置的战略目标，就是把人民过上美好生活的期盼放在首位。全面深化改革，是以促进社会公平正义、增进人民福祉为出发点和落脚点的，要从人民利益出发谋划改革思路、制定改革措施，紧紧依靠人民推进改革。全面依法治国，强调的是人民主体地位。中国特色社会主义法治建设是为了人民、依靠人民、保护人民、造福人民。全面从严治党，是新的历史起点上加强党的建设的指针，其核心是保持党同人民群众的血肉联系，是要下大气力解决党内存在的问题，让人民群众满意。

现在，我们已经迎来了民族复兴的曙光，我们比历史上任何时候都更加接近民族复兴的目标，比历史上任何时候都更有信心、有能力实现这一目标。但是，要走的路还很长，任务还非常艰巨。面对前所未有的机遇和挑战，我们要坚定不移地走中国特色社会主义道路，继续深化对中国特色社会主义的研究和探索，努力使中国特色社会主义道路越走越宽广。

第七章
坚定中国特色社会主义“四个自信”

党的十八大报告明确提出要坚定中国特色社会主义道路自信、理论自信、制度自信。其后，习近平总书记在不同场合多次强调，并在此基础上提出文化自信的命题，要求“坚定中国特色社会主义道路自信、理论自信、制度自信、文化自信，不断夺取中国特色社会主义新胜利，是当代中国共产党人最核心的使命”[①]。不忘初心，方得始终；拥有自信，才能成功。坚持不忘初心、继续前进，就要坚持中国特色社会主义道路自信、理论自信、制度自信、文化自信，坚持党的基本路线不动摇，不断把中国特色社会主义伟大事业推向前进。

第一节　当今世界我们最有理由自信

在庆祝中国共产党成立95周年大会上，习近平总书记强调，“当今世界，要说哪个政党、哪个国家、哪个民族能够自信的话，那中国

① 习近平：《在学习〈胡锦涛文选〉报告会上的讲话》（2016年9月29日），载《人民日报》2016年9月30日。

共产党、中华人民共和国、中华民族是最有理由自信的”[1]。中国为什么能够自信？当然是源于自身实力的不断提高和自身优势的不断彰显。党的十八届六中全会明确提出，“坚持四项基本原则，根本是坚持党的领导，坚持中国特色社会主义道路、中国特色社会主义理论体系、中国特色社会主义制度、中国特色社会主义文化”，“全党同志必须把对马克思主义的信仰、对社会主义和共产主义的信念作为毕生追求，坚定对中国特色社会主义的道路自信、理论自信、制度自信、文化自信”[2]。

一、坚定道路自信，为推进中国特色社会主义伟大事业提供正确方向

方向决定道路，道路决定命运。中国特色社会主义道路，就是在中国共产党领导下，立足基本国情，以经济建设为中心，坚持四项基本原则，坚持改革开放，解放和发展社会生产力，建设社会主义市场经济、社会主义民主政治、社会主义先进文化、社会主义和谐社会、社会主义生态文明，促进人的全面发展，逐步实现全体人民共同富裕，建设富强民主文明和谐的社会主义现代化国家。中国特色社会主义道路包括领导力量、历史方位、基本路线、历史任务、总体布局和奋斗目标等内容，这些都是相互联系、有机统一的整体。我们党之所以能

① 习近平：《在庆祝中国共产党成立95周年大会上的讲话》（2016年7月1日），载《人民日报》2016年7月2日。

② 《中共十八届六中全会在京举行》，载《人民日报》2016年10月28日第1版。

够坚定道路自信，主要源于中国特色社会主义道路的正确性。

首先，这条道路具有深厚的历史渊源。中国特色社会主义道路是我们党和人民历尽千辛万苦、付出巨大代价探索出来的，是实现社会主义现代化的必由之路，是创造人民美好生活的必由之路。这条道路“是在改革开放30多年的伟大实践中走出来的，是在中华人民共和国成立60多年的持续探索中走出来的，是在对近代以来170多年中华民族发展历程的深刻总结中走出来的，是在对中华民族5000多年悠久文明的传承中走出来的”[①]。“四个走出来”，深刻说明了中国特色社会主义道路的深厚历史渊源，体现了一脉相承和与时俱进的内在统一。它是科学社会主义基本原则与我国实际和时代特征相结合的产物，是当代中国共产党人在遵循科学社会主义基本原则的前提下，立足中国基本国情，在深刻总结国内外社会主义建设正反两个方面经验教训的基础上，领导全国人民开辟的。它既与资本主义发展道路相异，也与其他社会主义国家的发展道路有所不同；既体现了社会主义的共性，又体现了区别于其他社会主义国家的中国特色。

其次，这条道路具有广泛的现实基础。中国特色社会主义道路是一条不断自我完善的改革之路。中华人民共和国成立以来尤其是改革开放以来，我国经济社会发展取得的巨大成就和进步，证明了我们的道路抉择是正确的，顺应时代潮流，符合党心民心，巩固和发展了改革开放和社会主义现代化建设大局，提高了我国的国际地位，彰显了中国特色社会主义的巨大优越性和强大生命力，增强了中国人民和中

---

① 习近平：《在第十二届全国人民代表大会第一次会议上的讲话》（2013年3月17日），载《人民日报》2013年3月18日。

华民族的自豪感和凝聚力。习近平总书记指出，这条道路既不是“传统的”，也不是“外来的”，更不是“西化的”，而是我们“独创的”。我们既不能走封闭僵化的老路，也不能走改旗易帜的邪路，必须坚定不移走中国特色社会主义道路。我们要坚信，中国特色社会主义道路是实现社会主义现代化的必由之路，是创造人民美好生活的必由之路。道路决定命运，信心凝聚力量。我们走自己的路，具有无比广阔的舞台，具有无比深厚的历史底蕴，具有无比强大的前进定力。走在这条道路上，我们越走越宽广，我们坚定而自信。

再次，这条道路具有远大的光明前景。党的十八大以来，以习近平同志为核心的党中央深刻把握世情、国情、党情的新变化，尤其是从我国国情出发，明确提出了实现中华民族伟大复兴中国梦和协调推进“四个全面”战略布局。中国梦使中国道路的前进目标更加清晰，“四个全面”战略布局是实现中国梦的战略引领，中国道路必将越走越宽广。90 多年来，我们党紧紧依靠人民，把马克思主义基本原理同中国实际和时代特征结合起来，独立自主走自己的路，历经千辛万苦，最终取得革命、建设和改革的伟大胜利，开创了中国特色社会主义道路，从根本上改变了中国人民和中华民族的前途命运。中国特色社会主义道路，是在我国历史传承、文化传统、经济社会发展的基础上长期发展、渐进改进、内生性演化的结果。事实已雄辩地证明，我们选择的这条“中国道路”是为国家富强、民族振兴、人民幸福提供根本政治保障的成功之路。随着中国特色社会主义建设事业的不断发展，我国的经济建设、政治建设、文化建设、社会建设、生态文明建设和党的建设都取得了辉煌成就，人民生活水平不断改善，国际地位不断提升，整个中国社会焕发出蓬勃生机与旺盛活力。正因如此，习近平总书记断言：“中国特色社会主义道路是实现社会主义现代化的必由之路，是创造人民美好生活的必由之路。”[①]

二、坚定理论自信，为推进中国特色社会主义伟大事业提供科学指导

科学的理论来源于伟大的实践，同时又反过来指导实践。中国特色社会主义理论体系，是包括邓小平理论、“三个代表”重要思想、科学发展观等在内的马克思主义中国化最新成果，是对马克思列宁主义、毛泽东思想的坚持和发展，是马克思主义基本原理同当代中国改革开放和社会主义现代化建设实践有机结合而形成的科学理论体系，是指导党和人民沿着中国特色社会主义道路实现中华民族伟大复兴的正确理论，是立于时代前沿、与时俱进的科学理论。

习近平总书记深刻指出：“我们要坚信，中国特色社会主义理论体系是指导党和人民沿着中国特色社会主义道路实现中华民族伟大复兴的正确理论，是立于时代前沿、与时俱进的科学理论。”[②] 这一重要论述充分体现了我们党的理论自信，即对中国特色社会主义伟大事业行动指南的自信。我们党之所以能够坚定理论自信，主要源于中国特色社会主义理论体系的科学性。首先，它开辟了马克思主义中国化

① 习近平：《在庆祝中国共产党成立95周年大会上的讲话》（2016年7月1日），载《人民日报》2016年7月2日。

② 习近平：《在庆祝中国共产党成立95周年大会上的讲话》（2016年7月1日），载《人民日报》2016年7月2日。

的新境界。中国特色社会主义理论体系是指导党和人民沿着中国特色社会主义道路实现中华民族伟大复兴的正确理论，是立于时代前沿、与时俱进的科学理论。这一理论体系具有科学性，始终坚持马克思主义基本原理同中国国情和具体实际相结合；这一理论体系具有系统性，包含了经济、政治、文化、社会、生态文明等多方面内容；这一理论体系具有开放性，将随着中国特色社会主义实践的发展而不断充实和完善。中国特色社会主义理论体系，是我们党运用马克思主义解决中国问题而形成的，以全新的视野深化了对共产党执政规律、社会主义建设规律、人类社会发展规律的认识，具有鲜明的中国特色。其次，它始终坚持了科学社会主义基本原则。中国特色社会主义理论体系，延续了500年来人类探索社会主义的思想脉络，传承了科学社会主义的精髓要义，一以贯之地遵循了科学社会主义基本原则，是社会主义而不是其他什么主义。党的十八大以来，以习近平同志为核心的党中央坚持和发展中国特色社会主义，进一步深化对共产党执政规律、社会主义建设规律、人类社会发展规律的认识，形成了习近平新时代中国特色社会主义思想。再次，它植根于实践又对实践发挥指导作用。找到马克思列宁主义这个放之四海而皆准的普遍真理，中国的面目才起了根本变化。在各个历史阶段，党坚持马克思主义基本原理同中国具体实际相结合，运用马克思主义立场、观点、方法研究解决各种重大理论和实践问题，不断推进马克思主义中国化。创立和发展中国特色社会主义理论体系的过程，是总结实践经验的过程，也是用这一理论体系指导和推动改革发展的过程。同时，新鲜生动的伟大实践又在检验着最新理论，有力证明了中国特色社会主义理论体系的科学真理性。此外，它随着时代、实践和科学的发展而不断与时俱进。中国特色社会主义理论体系的几大成果在理论主题、思想基础、政治理想、根本立场上一脉相承，同时又根据新的实践，借鉴各国治国理政的有益经验，科学回答了面临的新课题，做出了各自独特的理论贡献，是相互贯通又层层递进的关系，适应时代、实践和科学的发展。

中国特色社会主义理论体系，是深深扎根于中国大地、符合中国实际的当代中国马克思主义。在当代中国，坚持中国特色社会主义理论体系，就是真正坚持马克思主义。因此，我们要坚定理论自信，不断丰富发展中国特色社会主义理论体系，为推进中国特色社会主义伟大事业提供科学指导。

三、坚定制度自信，为推进中国特色社会主义伟大事业提供根本保障

制度问题更带有根本性、全局性、稳定性和长期性，党的制度关系到党和国家是否改变颜色，必须引起全党的高度重视。中国特色社会主义制度，包括人民代表大会制度这一根本政治制度，中国共产党领导的多党合作和政治协商制度、民族区域自治制度以及基层群众自治制度等基本政治制度，中国特色社会主义法律体系，公有制为主体、多种所有制经济共同发展的基本经济制度，以及建立在这些制度基础上的经济体制、政治体制、文化体制、社会体制等各项具体制度。这一先进的制度体系是建立在中国特色社会主义道路基础之上、以中国特色社会主义理论体系为指导而形成的符合中国特色的制度体系，集

中体现了中国特色社会主义的性质、特点和优势，是中国特色社会主义事业发展进步的根本制度保障。

习近平总书记深刻指出："我们要坚信，中国特色社会主义制度是当代中国发展进步的根本制度保障，是具有鲜明中国特色、明显制度优势、强大自我完善能力的先进制度。"[①] 这一重要论述充分体现了我们党高度的制度自信，即对中国特色社会主义伟大事业根本保障的自信。我们党之所以能够坚定制度自信，主要源于中国特色社会主义制度的优越性。

首先，它具有鲜明的中国特色。在迈向社会主义现代化和中华民族伟大复兴的征程中，我们党领导全国人民经过艰难曲折的探索所形成的基本政治制度、基本经济制度和基本社会制度等都有着中国自己的特色。中国实行一党领导的国家治理体制，在现行宪法体制下，人民代表大会制度、中国共产党领导的多党合作制度、民族区域自治制度、基层群众自治制度成为中国的基本制度，它们是基于中国特定历史现实而形成的符合中国国情的制度，是一整套相互衔接、相互联系的制度体系，由根本层面的制度、基本层面的制度、具体层面的制度以及中国特色社会主义法律体系组成，不同层面的制度在中国特色社会主义制度体系中具有不同的地位和作用。

其次，它具有明显的制度优势。党的十九大报告指出："我国是工人阶级领导的、以工农联盟为基础的人民民主专政的社会主义国家，国家一切权力属于人民。我国社会主义民主是维护人民根本利益的最

① 习近平：《在庆祝中国共产党成立95周年大会上的讲话》（2016年7月1日），载《人民日报》2016年7月2日。

广泛、最真实、最管用的民主。"这样一套制度安排，能够有效保证人民享有更加广泛、更加充实的权利和自由，保证人民广泛参加国家治理和社会治理；能够有效调节国家政治关系，发展充满活力的政党关系、民族关系、宗教关系、阶层关系、海内外同胞关系，增强民族凝聚力，形成安定团结的政治局面；能够集中力量办大事，有效促进社会生产力解放和发展，促进现代化建设各项事业，促进人民生活质量和水平不断提高；能够有效维护国家独立自主，有力维护国家主权、安全、发展利益，维护中国人民和中华民族的福祉。2013 年，党的十八届三中全会开启了全面深化改革的新时代。全会提出，全面深化改革的总目标是完善和发展中国特色社会主义制度，推进国家治理体系和治理能力现代化。中央全面深化改革领导小组成立至今，召开了三十多次会议，审议通过了一大批改革方案——国企改革破冰前行、财税金融体制改革拉开大幕、土地制度改革扎实推进、司法体制改革蹄疾步稳，等等。随着全面深化改革步伐的日益加快，中国特色社会主义制度将不断发展和完善，中国特色社会主义制度的优越性将日益凸显。

再次，它具有强大的自我完善能力。中国特色社会主义制度具有很强的学习吸收和自我完善能力，建立在现实的基础上，既有中国特色，又吸收了其他国家制度的先进因素。同时，中国特色社会主义制度具有很强的自我变革能力，对于不适应经济社会发展的制度，能够及时进行改革。

中国特色社会主义制度经过不断完善，形成了一整套相互衔接、相互联系的制度体系。正是有了中国特色社会主义制度这一根本保障和坚实支撑，我国才在国际激烈竞争、国内深刻转型的复杂环境下，劈波斩浪走到今天。因此，我们要坚定制度自信，不断推动促进中国特色社会主义制度的自我完善，为推进中国特色社会主义伟大事业提供根本保障。

四、坚定文化自信，为推进中国特色社会主义伟大事业提供精神力量

习近平总书记在党的十九大报告中指出："文化是一个国家、一个民族的灵魂。文化兴国运兴，文化强民族强。没有高度的文化自信，没有文化的繁荣兴盛，就没有中华民族伟大复兴。要坚持中国特色社会主义文化发展道路，激发全民族文化创新创造活力，建设社会主义文化强国。"中国特色社会主义先进文化，是以马克思列宁主义、毛泽东思想、中国特色社会主义理论体系为指导，以社会主义核心价值体系为灵魂，面向现代化、面向世界、面向未来的文化，是民族的、科学的、大众的文化。中国特色社会主义文化是我们党和人民在继承中华优秀传统文化、弘扬革命文化和建设社会主义先进文化的历史进程中，进行文化建设、文化积累和文化提升的历史性成果。中国特色社会主义文化以中华优秀传统文化为根基，以马克思主义为指导，以社会主义核心价值观为灵魂，以社会主义先进文化为主体内容和本质特征，是提升中国自信、实现中国梦的根本精神动力。牢牢掌握意识形态工作领导权，培育和践行社会主义核心价值观，加强思想道德建设，繁荣发展社会主义文艺，推动文化事业和文化产业发展。习近平

总书记深刻指出：“文化自信，是更基础、更广泛、更深厚的自信。在5000多年文明发展中孕育的中华优秀传统文化，在党和人民伟大斗争中孕育的革命文化和社会主义先进文化，积淀着中华民族最深层的精神追求，代表着中华民族独特的精神标识。”[①]这一重要论述充分体现了我们党高度的文化自信，即对中国特色社会主义伟大事业精神力量的自信。我们党之所以能够坚定文化自信，主要源于中国特色社会主义文化的先进性。

首先，它继承和发扬了中华优秀传统文化。中华民族有着深厚的文化传统，形成了富有特色的思想体系，体现了中国人几千年来积累的知识智慧和理性思辨。从先秦子学、两汉经学、魏晋玄学，到隋唐佛学、儒释道合流、宋明理学，中华文明经历了数个学术思想繁荣时期。为人类文明进步做出了不可磨灭的贡献。我们党在继承优秀传统文化的基础上，根据社会发展和民族独立的需要，培育和创造了红色革命文化，进一步夯实了优秀文化根基。

其次，它对多元文化进行了有效整合。中国特色社会主义文化对传统文化与外来文化、主流文化与非主流文化、精英文化与大众文化等进行了有效整合，使社会主义核心价值观在多元文化发展中始终处于核心地位，承担着引领社会共识、规范价值取向、整合多元文化的重要功能，不断增强了全党全国各族人民的精神力量。

再次，它积极吸收借鉴世界先进文化。改革开放以来，我国敞开胸怀积极吸收借鉴世界先进文化，始终坚持“以我为主、为我所用”

① 习近平：《在庆祝中国共产党成立95周年大会上的讲话》（2016年7月1日），载《人民日报》2016年7月2日。

的原则，既大胆吸收借鉴一切有利于我国文化建设的先进经验和优秀成果，又始终坚持自己的文化理念和价值追求；既植根于本民族文化的土壤，又紧跟世界文明进步的潮流，构建了具有中国特色、中国风格、中国气派的社会主义先进文化。

第二节 实现中华民族伟大复兴必须坚定“四个自信”

坚持和发展中国特色社会主义是新形势下党治国理政的主题。坚定“四个自信”，才能够更好面对和解决前进中的问题，才能够为继续前进提供根本保证。全党上下务必准确把握和始终坚定“四个自信”，不断把中国特色社会主义伟大事业推向前进。

一、深刻认识坚定“四个自信”的重大意义

党的十八大以来，习近平总书记多次强调：“今天，我们比历史上任何时期都更接近中华民族伟大复兴的目标，比历史上任何时期都更有信心、有能力实现这个目标。”[①]这传递出一个明确的信号，当今中国已经到了一个需要自信、能够自信的时代。这正是我们党提出“四个自信”的根本原因所在。

第一，坚定“四个自信”是实现“两个一百年”奋斗目标和中华

① 习近平：《在中国科学院第十七次院士大会、中国工程院第十二次院士大会上的讲话》（2014年6月9日），载《人民日报》2014年6月10日。

民族伟大复兴中国梦的迫切需要。在十八届中共中央政治局第一次集体学习时，习近平总书记强调：“实践充分证明，中国特色社会主义是中国共产党和中国人民团结的旗帜、奋进的旗帜、胜利的旗帜。我们要全面建成小康社会、加快推进社会主义现代化、实现中华民族伟大复兴，必须始终高举中国特色社会主义伟大旗帜，坚定不移坚持和发展中国特色社会主义。党的十八大要求全党坚定对中国特色社会主义的道路自信、理论自信、制度自信，其根本原因就在这里。”[①]当今世界并不太平，西方敌对势力对中国道路的质疑和否定从来未停止过，各式各样的“中国崩溃论”从来未中断过。一些西方反华势力妄图利用互联网平台搞垮中国。如此等等，其根本企图就是让我们党改旗易帜，坚定“四个自信”就是为应对这种挑战。当下少数党员干部，对中国的道路和制度缺乏信心，有的认同西方所谓的“普世价值”，认为借用或接受西方的政治话语，对我们不会有什么损失；有的奉行西方理论、西方话语为金科玉律，不知不觉成了西方资本主义意识形态的吹鼓手；有的甚至认为“西方的月亮比中国圆”，幻想用西方制度改造中国。对此，习近平总书记明确指出：一个政党执政，最怕的是在重大问题上态度不坚定，结果社会上对有关问题沸沸扬扬、莫衷一是，别有用心的人趁机煽风点火、蛊惑搅和，最终没有不出事的。所以，道路问题不能含糊，必须向全社会释放正确而又明确的信号。

第二，坚定“四个自信”是历史的选择、人民的选择，来源于实践、来源于真理。改革开放以来，中国共产党在深刻总结中国近现代

① 习近平：《紧紧围绕坚持和发展中国特色社会主义学习宣传贯彻党的十八大精神》（2012年11月17日），载《人民日报》2012年11月19日。

以来现代化的经验教训并借鉴其他国家现代化经验的基础上，带领人民在实践中探索出中国特色社会主义发展道路，总结和创立了中国特色社会主义理论，在政治、经济、社会和文化等各层面建立了具有中国特色的现代制度架构。改革开放30多年，中国走完了发达国家几百年走过的发展历程，创造了世界经济史上的奇迹，年均GDP增长率超过9%，综合经济实力跃居世界第二，7亿多贫困人口摆脱贫困，对全球减贫的贡献率超过70%，被国际社会誉为“人类历史上前所未有的伟大成就”；人均国民收入连续翻番达到8000多美元，从低收入国家跨入中等偏上收入国家行列，13亿中国人的生活水平实现了质的飞跃。改革开放、走中国特色社会主义道路的伟大决策是顺应人民群众过上美好生活的期盼而提出的，始终坚持高度尊重人民的意愿和要求，以人民的选择为选择。党的十八大以来，以习近平同志为核心的党中央明确提出“人民对美好生活的向往，就是我们的奋斗目标”。中国特色社会主义道路是符合人民群众意愿、代表人民群众心声、实现人民群众美好生活的成功之路、必由之路，也是当代中国发展的根本方向。鸦片战争后，中国走上了一条艰难曲折的现代化道路。洋务派的现代化，未能吸收西方制度和文化为中华文明所用，国民政府的现代化，得西方制度文化之形却未得工业化之实，无法取得发展的成功，新中国前30年的现代化，在借鉴苏联社会主义模式时没有能够与中国社会主义初级阶段实际相结合，没有完成文明的传承。只有中国特色社会主义既坚持了科学社会主义的基本原则，又具有鲜明的中国特色，既保留了中华文明的核心内容，又吸收借鉴了各国发展的经验教训，最终升华为发展的中华文明。

第三，坚定道路自信、理论自信、制度自信，说到底是要坚定文化自信，文化自信是更基本、更深沉、更持久的力量。文化是民族生存和发展的重要力量，文化是一个国家、一个民族传承和发展的根本，如果丢掉了，就割断了精神命脉。中华优秀文化传统已经成为中国文化的基因，根植在中国人内心，潜移默化影响着中国人的行为方式，文化的兴盛是实现中国梦的重要保证。习近平总书记高度重视文化的地位和作用，他指出，没有中华文化繁荣兴盛，就没有中华民族伟大复兴。中国优秀传统文化是中华民族的“根”与“魂”。历史和现实都表明，一个抛弃了或者背叛了自己历史文化的民族，不仅不可能发展起来，而且很可能上演一场历史悲剧。追根溯源，中国5000多年来的文化积淀，构成了中国特色社会主义的底色和道路、理论、制度的基础。习近平总书记多次指出，改革开放30多年的探索史与中华民族5000多年的文明史一脉相承。中国特色社会主义具有深厚的历史渊源和广泛的现实基础，中华民族是具有非凡创造力的民族，我们创造了伟大的中华文明，我们也能够继续拓展和走好适合中国国情的发展道路。

二、正确理解坚定“四个自信”的丰富内涵

中国特色社会主义道路自信、理论自信、制度自信和文化自信是一个有机整体。中国特色社会主义道路是实现途径，中国特色社会主义理论体系是行动指南，中国特色社会主义制度是根本保障，中国特色社会主义文化是精神力量，它们统一于中国特色社会主义伟大实践，

归结起来就是对中国特色社会主义的自信。

一是“四个自信”的内涵。道路自信，就是要坚信我们党领导人民开辟的这条道路是正确的、光明的，是能够实现国家富强、民族振兴、人民幸福的康庄大道、人间正道。这是党的十八大报告提出的重要论断。这个论断是总结历史、立足现实、着眼未来得出的坚定结论，是对“举什么旗、走什么路”这个根本问题最直接最深刻的回答。习近平总书记反复强调，道路问题是关系党的事业兴衰成败第一位的问题，道路就是党的生命。[①] 对于理论自信，习近平总书记指出，指导思想是一个政党的精神旗帜。中国共产党之所以能够完成近代以来各种政治力量不可能完成的艰巨任务，就在于始终把马克思主义这一科学理论作为自己的行动指南，并坚持在实践中不断丰富和发展马克思主义。正是在这个理论体系指引下，我国以世界上少有的速度持续快速发展起来，社会主义和马克思主义在中国大地上焕发出勃勃生机，给人民带来更多福祉，使中华民族大踏步赶上时代前进潮流、迎来伟大复兴的光明前景。这就深刻阐明了中国特色社会主义理论体系对实现国家富强、民族振兴、人民幸福的重大意义，也是我们坚定理论自信的根本内容。对于制度自信，30多年来，中国经济实力、综合国力、人民生活水平不断跨上新台阶，不断战胜前进道路上各种世所罕见的艰难险阻，中国社会长期保持和谐稳定，充分证明这一制度安排符合我国国情，集中体现了中国特色社会主义的特点和优势，是中国发展

① 《习近平在新进中央委员会的委员、候补委员学习贯彻党的十八大精神研讨班开班式上发表重要讲话强调毫不动摇坚持和发展中国特色社会主义在实践中不断有所发现有所创造有所前进》，载《人民日报》2013年1月6日。

进步的根本制度保障。习近平总书记多次强调，制度自信不是自视清高、自我满足，更不是裹足不前、故步自封，而是要把坚定制度自信和不断改革创新统一起来，在坚持根本政治制度、基本政治制度的基础上，不断推进制度体系完善和发展。对于文化自信，在现阶段就是要自豪地对待中华优秀传统文化；倍加珍惜党领导人民创造的革命文化；大力发展社会主义先进文化。社会主义先进文化是为改革开放和社会主义现代化建设提供精神动力的文化；是弘扬民族精神、凝聚各族人民的意志和力量，积极、健康、向上的文化；是继承和发扬中华民族一切优秀文化传统、具有中国风格和中国气派的文化；是博采各国文化之长、吸收国外一切优秀文化成果的文化。社会主义先进文化是社会主义社会的精神支柱，是我国各族人民团结奋斗的共同思想基础，是占支配地位的主流意识形态。党的十八大报告明确提出，我们一定要坚持社会主义先进文化前进方向，树立高度的文化自觉和文化自信，向着建设社会主义文化强国目标阔步前进。

二是“四个自信”的内在关系。中国特色社会主义道路是实现社会主义现代化的必由之路，也是适合中国国情、创造人民美好生活的必由之路。中国特色社会主义道路是中国人民立足中国实际自主选择和开创的新型现代化道路，是科学社会主义理论逻辑与中国社会现代化发展历史逻辑相结合的产物，是马克思主义基本原理与中国改革开放具体实践相结合的产物。理论自信是灵魂。中国特色社会主义理论体系是指导党和人民沿着中国特色社会主义道路实现中华民族伟大复兴中国梦的正确理论，是立足于时代前沿、洞察社会历史大势、把握历史潮流与规律、与时俱进的科学理论，它深刻阐明了当代中国社会发展的客观规律与演进逻辑，是经过历史实践证明了的先进思想理论。同时，它也是反映和体现中华民族根本利益与理想信念的价值体系。制度自信是根本。中国特色社会主义制度是在中国特色社会主义理论体系指导和引领下建立并不断完善的，它奠基于社会主义初级阶段的中国沃土，生成于以人民群众为主体的社会主义现代化建设历史创造实践，植根于中华文化的深厚土壤，是中国特色社会主义理论的对象化、客体化、现实化、具象化，是社会主义制度设计与制度建构的历史实践结果。文化自信是源泉。文化是民族精神之根、之血脉，文化自信是民族自信之源。文化自信的实质与核心是主体自信，就是对主体自身的本质、能力、创造力的自信。文化自信体现了中华民族的自我肯定、中国人民和中华人民共和国的自我价值认同、中国共产党领导的人民对文化生命力的坚定信念及其对文化自主精神的自觉坚守。

三、坚定“四个自信”实现中华民族伟大复兴

习近平总书记强调，“要时刻准备应对重大挑战、抵御重大风险、克服重大阻力、解决重大矛盾”[①]，并向全党提出了“不忘初心，继续前进”的根本要求，为我们在新的时代条件下继续坚定“四个自信”规划了实践路径。

第一，坚定对马克思主义的信仰，对社会主义和共产主义的信念，始终做理想信念的坚定信仰者和忠实践行者。理想是道路的明确指向，

① 习近平：《在庆祝中国共产党成立95周年大会上的讲话》（2016年7月1日），载《人民日报》2016年7月2日。

信念是道路的精神支撑。对一个国家来说，走好一条道路，就必须要有共同的理想和坚定的信念。进一步坚定“四个自信”，理想信念是根本。习近平总书记强调，不能把理想信念当口号喊。“要炼就‘金刚不坏之身’，必须用科学理论武装头脑，不断培植我们的精神家园。”第二，勇于全面深化改革，进一步解放思想、解放和发展社会生产力，不断把改革开放推向前进。“四个自信”彰显的是一种精神状态，坚定“四个自信”最终还要靠物质基础。习近平总书记强调，要坚定道路自信、理论自信、制度自信，要有坚如磐石的精神和信仰力量，也要有支撑这种精神和信仰的强大物质力量。这就要靠通过不断改革创新，使中国特色社会主义在解放和发展社会生产力、解放和增强社会活力、促进人的全面发展上比资本主义制度更有效率，更能激发全体人民的积极性、主动性、创造性，更能为社会发展提供有利条件，更能在竞争中赢得比较优势，把中国特色社会主义制度的优越性充分体现出来。第三，统筹推进“五位一体”总体布局，协调推进“四个全面”战略布局，全力推进全面建成小康社会进程。党的十八大提出到2020年全面建成小康社会的奋斗目标，这是我们党向人民、向历史做出的庄严承诺，是13亿多中国人民的共同期盼。为实现这一目标，党的十八大以来，我们党形成并积极推进经济建设、政治建设、文化建设、社会建设、生态文明建设五位一体的总体布局，形成并积极推进全面建成小康社会、全面深化改革、全面依法治国、全面从严治党的战略布局，提出了创新、协调、绿色、开放、共享的发展理念。第四，顺应时代潮流，正确处理国际关系，把握世界大势，统筹好国内国际两个大局，坚持不渝走和平发展道路。第五，加强和改善党的领导，坚持全面从严治党，保持党的先进性和纯洁性，着力提高执政能力和领导水平，着力增强抵御风险和拒腐防变能力。坚定中国特色社会主义道路自信、理论自信、制度自信、文化自信，党的领导是根本，离开党的领导，一切自信都无从谈起。中国特色社会主义最本质的特征是中国共产党领导，中国特色社会主义制度的最大优势是中国共产党领导。坚持和完善党的领导，是党和国家的根本所在、命脉所在，是全国各族人民的利益所在、幸福所在。

第三节　坚定“四个自信”必须不断有所发现、有所发明、有所创造、有所前进

党的十八大以来，以习近平同志为核心的党中央身体力行、率先垂范，坚定推进全面从严治党，坚持思想建党和制度治党紧密结合，集中整顿党风，严厉惩治腐败，净化党内政治生态，党内政治生活展现新气象，赢得了党心民心，为开创党和国家事业新局面提供了重要保证。只有把党建设好了，使党坚强有力，继续坚定“四个自信”才有坚实保证和可靠基础。

一、坚定“四个自信”就是不忘初心

坚定“四个自信”，体现了当代中国共产党人的理想自觉。正如习近平总书记所说，“中国特色社会主义不是天上掉下来的，而是党

和人民历尽千辛万苦、付出巨大代价取得的根本成就”，中国特色社会主义既是我们必须不断推进的伟大事业，又是我们开辟未来的根本保证。“四个自信”，是中国特色社会主义共同理想的鲜明标志，也是中国共产党人信仰追求的不变初心。我们有“自信人生二百年、会当水击三千里”的勇气，有经受历史检验和实践考验的中国特色社会主义道路、理论、制度和文化自信。坚持“四个自信”，体现了中国共产党人不改初衷、不懈奋斗的理想自觉。

坚定“四个自信”，彰显了当代中国共产党人的精神定力。历史和现实，都充分证明了中国特色社会主义道路是实现社会主义现代化的必由之路，是创造人民美好生活的必由之路；中国特色社会主义理论体系是指导党和人民沿着中国特色社会主义道路实现中华民族伟大复兴的正确理论，是立于时代前沿、与时俱进的科学理论；中国特色社会主义制度是当代中国发展进步的根本制度保障，是具有鲜明中国特色、明显制度优势、强大自我完善能力的先进制度。而坚定道路、理论、制度自信，归根结底是要坚定文化自信，因为文化自信是更基础、更广泛、更深厚的自信，体现的是一种基本的、深沉的、持久的精神力量，有了这个精神定力，就有了坚持党的基本路线、不断把中国特色社会主义伟大事业推向前进的决心和信心。

坚定“四个自信”，丰富了当代中国共产党人的系统思维。在“四个自信”中，文化自信有着丰富内涵和独特意义：无论是5000多年文明发展中孕育的中华优秀传统文化，还是在党和人民伟大斗争中孕育的革命文化和社会主义先进文化，都沉淀着中华民族最深层的精神追求，是中华民族独特的精神标识；把文化自信与道路、理论、制度自信有机结合，既体现了对中华优秀传统文化的高度重视，也使中国特色社会主义与中华优秀传统文化紧密相连。习近平总书记多次强调，正是独特的历史、独特的文化，决定了我们必然会选择独特的发展道路。“四个自信”的系统思维，把道路、理论、制度自信所体现的政治认同、思想认同与文化自信所展现出来的情感认同、文化认同紧密结合起来，相辅相成、互为促进。坚持中国特色社会主义的道路、理论、制度，必然会强化和汇聚文化自信、情感认同，而文化自信又能使道路自信更坚定、理论自信更科学、制度自信更完备。

二、坚定“四个自信”的实践要求

第一，要进一步解放思想、进一步解放和发展社会生产力、进一步解放和增强社会活力。习近平总书记提出的这“三个进一步解放”，既是中国现阶段深入推进改革和发展的要求，也是未来我们保持“四个自信”的必要条件。我们必须清醒地认识到，中国特色社会主义已成为当代中国的旗帜，成为凝聚中国人民建设幸福美好生活的动力，但中国特色社会主义道路仍需进一步拓展，中国特色社会主义理论体系还需进一步丰富，中国特色社会主义制度还需不断完善。面对发展中国特色社会主义和实现中国梦的艰巨任务，我们必须自信而不自满，继续解放思想，以更大的勇气和智慧全面深化改革，以解放和发展社会生产力、解放和增强社会创造活力。对此，习近平总书记反复强调，“中国要前进，就要全面深化改革开放。面对人民群众新期待，我们必须坚定改革开放信心，以更大的政治勇气和智慧、更有力的措施和办法推进改革开放”，全面深化改革要“敢于啃硬骨头，敢于涉险滩，敢于向积存多年的顽瘴痼疾开刀，切实做到改革不停顿、开放不止步”[①]。

第二，在文化自觉的过程中认识和处理好与世界的关系。当今西方国家的意识形态仍对中国的文化和制度形成巨大压力。随着中国越来越融入世界体系，西方理论和思潮也会更加汹涌地进入中国。能否正确认识和处理全球化条件下不同文明、不同文化之间的关系，是能否坚定“四个自信”特别是能否增强“文化自信”的大问题。这就需要我们激发起“文化自觉”。文化自觉首先要求认识自己的文化，理解其他多种文化，这样才能在多元文化的世界里确立自己的位置，经过自主地适应，和其他文化之间建立取长补短、和平共处、联手发展的关系。文明多元并存有其必然性和合理性，全球化不可能消除文明的多样性。中国应坚持走适合自己特点的发展道路，增强中国特色社会主义的文化自觉和文化自信，同时积极借鉴人类文明的有益成果，为构建国际文明新秩序做出自己的贡献。现代化的本质是现代与传统双向互动的过程，是在传统基础上适应现代发展趋势的文化转换和创新过程。要增强文化自信，就要激活传统文化的生命力，使之与现代社会相协调。为此，习近平总书记提出了“使中华民族最基本的文化基因与当代文化相适应、与现代社会相协调”，推进传统文化“创造性转化和创新性发展”的时代课题。进一步看，推进传统文化创造性转化和创新性发展，锻造强大的文化自信，更

① 习近平：《深化改革开放　共创美好亚太——在亚太经合组织工商领导人峰会上的演讲》（2013年10月7日），载《人民日报》2013年10月8日。

深层次的意义在于以文化自信图文化自强，在全球体系中占领文化制高点或“文化高地”，进而创造立足本土与放眼世界、体现人类文明与文化发展共同规律的新中国文化，为人类文明发展进步贡献中国智慧和中国方案。

第三，合理构建社会理想，凝聚中国力量。人类社会的历史发展不能没有社会理想的引导，用德国哲学人类学家米切尔·兰德曼的话说，人的生命活动“需要一个指引方向的榜样或理想以供参照”。德国哲学家黑格尔也强调对民族的认同感以及在此基础上的“民族精神”，决定着一个国家的独特的历史演进历程，“每一个民族的国家制度总是取决于该民族的自我意识的性质和形成”，“一个民族的国家制度必须体现这一民族对自己权利和地位的感情”。在当代中国，建构一个既“合目的性”，又“合规律性”的社会理想，对民族共识、民族精神、民族自信的凝聚以及对中国特色社会主义制度的完善和进步有深远意义。处于不同发展阶段和水平，人们对未来的关注以及关注的程度就会有所不同。实现中华民族伟大复兴，即实现中国梦，是中华民族近代以来最大的社会理想。没有社会理想，就不会有动力；同样，找不到实现社会理想的途径方式，就不会有自信。如何实现中国梦？习近平总书记指出：“实现中国梦必须走中国道路，必须弘扬中国精神，必须凝聚中国力量。”这就清晰地描绘了中国人民的社会理想及其实现理想的现实路径和精神力量，有利于保持和增强全体人民的“四个自信”，坚定不移沿着正确的道路前进。

三、坚定“四个自信”要立破并举

第一，坚定“四个自信”，要围绕统筹推进“五位一体”总体布局，进一步加强重大理论和现实问题研究。当代中国的伟大社会变革，取得的成就前所未有，面临的机遇前所未有，遇到的问题前所未有，面对的挑战同样前所未有。必须把主攻方向调整到事关改革发展稳定和治国理政全局的重大理论和现实问题上来，调整到以党的创新理论为指导系统总结升华各地区各部门的新实践新经验新创造上来。必须把以问题为导向的研究同以总结新实践新经验新创造的研究统筹起来、结合起来，相互促进、相得益彰。为此要着力解决好三个问题。一是处理好坚持问题导向与坚持以马克思主义为指导的关系。问题是创新的起点，也是创新的动力源。坚持以马克思主义为指导，必须落到研究我国发展和我们党执政面临的重大理论和实践问题上来，落到提出解决问题的正确思路和有效办法上来。二是处理好坚持问题导向与坚持把握大局、大势、大事的关系。要坚持用联系的发展的眼光看问题，增强战略性、系统性思维，分清本质和现象、主流和支流，既看存在问题又看其发展趋势，既看局部又看全局，提出的观点、做出的结论要客观准确、经得起检验，在全面客观分析的基础上，努力揭示我国社会发展、人类社会发展的大逻辑大趋势。三是处理好坚持问题导向与加强理论研究理论建构的关系。要聚焦改革发展面临的重大理论和实践问题，围绕国家重大发展战略需求，从我国改革发展的实践中挖掘新材料、发现新问题，致力于推动实践创新基础上的理论创新。要下大力气提炼出有学理性的新理论，概括出有规律性的新实践，发展中国特色社会主义政治经济学，丰富发展马克思主义哲学、政治经济学、科学社会主义。

第二，坚定“四个自信”，要加强巩固马克思主义在意识形态领域的指导地位，巩固全党团结奋斗的共同思想基础。中国特色社会主义有今天这样的大好局面，最根本的在于党始终坚持在马克思主义指导下制定正确的路线、方针、政策，始终坚持解放思想、实事求是、大胆创新、与时俱进，坚定中国特色社会主义道路自信、理论自信、制度自信、文化自信，使马克思主义和中国特色社会主义事业具有强大的生命力和创造活力。同时也要看到，当今时代，社会思想观念和价值取向日趋活跃，主流的和非主流的同时并存，先进的和落后的相互交织，社会思潮纷纭激荡。马克思主义在有的领域中被边缘化、空泛化、标签化，在一些学科中“失语”、教材中“失踪”、论坛上“失声”。坚持以马克思主义为指导，是当代中国哲学社会科学的根本标志，是灵魂、是方向，必须旗帜鲜明加以坚持。一要真正解决好真懂真信的问题。自觉把中国特色社会主义理论体系贯穿研究全过程，转化为清醒的理论自觉、坚定的政治信念、科学的思维方法。二要坚定不移坚持以人民为中心的研究导向。真正解决好为什么人的问题。要立时代之潮头、通古今之变化、发思想之先声，积极为党和人民述学立论、建言献策，担负起历史赋予的光荣使命。三要坚定不移坚持理论联系实际的马克思主义学风。大力弘扬、推动形成崇尚精品、严谨治学、注重诚信、讲求责任的优良学风，营造风清气正、互学互鉴、积极向上的学术生态。努力占领真理制高点和道德制高点，切实担负起学术责任和社会责任，真正把学识修养与道德修养结合起来，把做人、做事、做学问统一起来。四要激浊扬清、正本清源。敢于回应各种错误观点和错误思潮，培育和践行社会主义核心价值观，巩固全党全国各族人民团结奋斗的共同思想基础，保持与党同舟共济、同心同德。

第三，紧紧围绕中国特色社会主义这个主题，下大力气推进马克思主义中国化、时代化、大众化。马克思主义中国化取得了重大成果，但还远未结束。如何继续推进马克思主义中国化、时代化、大众化，继续发展21世纪马克思主义、当代中国马克思主义是一项重要任务。这里的关键，是要善于融通古今中外各种资源。马克思主义的资源是中国特色哲学社会科学的主体内容，也是其发展的最大增量；中华优秀传统文化的资源，是中国特色哲学社会科学发展十分宝贵、不可多得的资源；国外哲学社会科学的资源，包括世界所有国家哲学社会科学取得的积极成果，是中国特色哲学社会科学的有益滋养。融通各种资源的有效途径，是要坚持古为今用、洋为中用，坚持不忘本来、吸收外来、面向未来，把“向内看”“向外看”“向前看”“向后看”有机结合起来。因此，中国特色社会主义创新发展，必须按照立足中国、借鉴国外，挖掘历史、把握当代，关怀人类、面向未来的思路来推进。中国特色社会主义创新发展，关键看有没有“中国特色”。跟在别人后面亦步亦趋，甚至是“削足适履”，不仅难以形成中国特色，更解决不了我国的实际问题。这就决定了，中国特色社会主义创新发展，必须在指导思想、学科体系、学术体系、话语体系等方面充分体现中国特色、中国风格、中国气派。

第八章
不忘初心，方得始终

习近平总书记在党的十九大报告中指出，“不忘初心，方得始终。中国共产党人的初心和使命，就是为中国人民谋幸福，为中华民族谋复兴。这个初心和使命是激励中国共产党人不断前进的根本动力。”“不忘初心”就是要我们不要忘记自己最初的本意，才能有始有终地去完成自己的梦想。《人民日报》一篇理论文章讲得好，“对共产党人来讲，‘初心’就是那党旗下的庄严宣誓；是对党光荣历史的铭心记忆；是对全心全意为人民服务宗旨的自觉践行；是对艰苦奋斗、密切联系群众等优良传统的继承发扬”。“不忘初心”是守住本、抓住根，共产党人要永葆为民初心，始终牢记自己从哪里来，到哪里去，去做什么，该怎么做，就是要坚持出发时的理想、坚定过程中的道路、坚信光明里的未来。

第一节　远大理想是革命、建设、改革成功的根本保证

《辞海》对理想作了这样的解释：理想是人们在实践中形成的、

有可能实现的、对未来社会和自身发展的向往和追求，是人们的世界观、人生观、价值观在奋斗目标上的集中体现。理想因其远大而为理想，信念因其执着而为信念。习近平总书记指出："中国共产党之所以叫共产党，就是因为从成立之日起我们党就把共产主义确立为远大理想。"[①]我们党之所以能够经受一次次挫折而又一次次奋起，归根到底是因为我们党有远大理想和崇高追求。

一、崇高的共产主义理想建立在马克思主义科学理论基础上

中国共产党自成立之日起，就将马克思主义确立为指导思想。理论是行动的指南。习近平总书记指出："马克思主义哲学深刻揭示了客观世界特别是人类社会发展的一般规律，在当今时代依然有着强大生命力，依然是指导我们共产党人前进的强大思想武器。"[②]对马克思主义的坚定信仰，是实现中华民族伟大复兴的思想武器。

马克思主义是思想理论领域最具真理性和影响力的学说，充分彰显了真理、正义、科学和人性的光辉，为世界提供了深刻分析当代资本主义问题的科学方法，正确引领当代社会主义发展的科学指南，有效推进社会科学创新的科学基础。其科学真理性在于三个方面：第一，它的世界观和方法论是科学的。马克思主义坚持辩证唯物主义和历史唯物主义的世界观方法论，创造性地提出了马克思主义哲学、政治经

① 习近平：《在庆祝中国共产党成立95周年大会上的讲话》（2016年7月1日），载《人民日报》2016年7月2日。

② 《习近平在中共中央政治局第十一次集体学习时强调推动全党学习和掌握历史唯物主义更好认识规律更加能动地推进工作》，载《人民日报》2013年12月5日。

济学和科学社会主义，用生产力和生产关系、经济基础和上层建筑的矛盾运动，来解释人类历史的发展变化，把生产力作为推动社会前进最活跃、最革命、最根本的力量，科学分析了资本主义社会的内在矛盾，深刻揭示了人类历史发展的根本规律和最终归宿，为人类社会发展进步指明了正确方向。近年来，世界上兴起一波又一波的“马克思热”；在全球“千年思想家”“最伟大的哲学家”等评选活动中，马克思以高票位居榜首；在国际金融危机中，《资本论》在欧洲销售成倍增长，等等，这些都表明马克思主义经受了时代的考验，得到了世界上越来越多人的认同。第二，它代表了最广大人民的利益。它的全部理论都立足于实现和维护最广大人民的根本利益，不谋求任何私利，不抱有任何偏见，是科学性、阶级性和实践性相统一的理论。历史上，也曾有过种种同情、关注人民群众的思潮和学说，但从来没有一种理论像马克思主义那样，与各国工人阶级和广大劳动人民的命运如此紧密地联系在一起。一位德国作家在谈到19世纪的历史巨变时说，没有工人运动，没有社会主义者，没有马克思，当今世界六分之五的人口将依然生活在半奴隶制阴郁状态之中。正因为马克思主义代表广大劳动人民的利益，所以它一经产生，就具有磁石般的吸引力，“远在德国和欧洲境界以外，在世界的一切文明语言中都找到了拥护者”。第三，它是与时俱进的理论体系。马克思主义不是故步自封的学说，而是随着实践发展不断丰富和完善的科学体系。马克思主义是革命的、批判的、发展的，是随着时代和实践的进步而不断丰富的，这是始终保持蓬勃生机和活力的根本原因。正如法国思想家雅克·德里达在《马克思的幽灵》中所说，一次次对马克思或马克思主义的共谋，并没有杀死他们，一次次对马克思或马克思主义的追悼，并没有送走他的亡灵，相反他们的生命力更加顽强。因为马克思或马克思主义正以自身所具有的理论特质和实践旨趣，影响着我们所处的这个世界、社会和时代。

二、崇高的共产主义理想为共产党人提供强大精神基础

习近平总书记强调：理想信念，是一个政党治国理政的旗帜，是一个民族奋力前进的向导。任何一个群体的存在，都需要有强大的凝聚力来团结。这种凝聚力是来自多方面的，而理想信念起着核心作用，它为群体的存在和发展，提供最根本的理由和最强大的精神基础。对政党、国家、民族来说，理想信念是维系的纽带、前进的指南、团结的基础。没有理想信念，政党缺乏核心，国家缺乏生命，民族缺乏灵魂。理想信念对群体的功能作用，主要体现在三个方面：第一，导向功能。理想信念是在正确认识人与社会关系基础上，形成的一种持久的、稳定的价值认同，为社会成员的共同奋斗提供可靠的思想旗帜。1920年11月25日，毛泽东同志在给罗章龙的信中说，一个政党、一个团体必须有共同的信仰、共同的主义，要成为主义的结合，而不仅是个人情感的结合，只有有了共同信仰的主义，大家才能成为一个团结战斗的团体。又说，主义譬如一面旗子，旗子立起了，大家才有所指望，才知所趋赴。第二，凝聚功能。理想信念是联结人与社会共同体的精神枢纽，是社会共同文化价值的重要体现。有了共同理想，就能塑造统一的社会人格，整合多元的思想观念，维护稳定的政治秩序，让人们达到认识上的一致和行动上的统一，以维护民族、国家和社会的团

结和稳定。第三，激励功能。理想信念为人与社会提供了生活的意义，激励人们对未来价值的预期和追求，是社会绝大多数人不断奋斗的精神动力。实践证明，无论前面的道路有多么曲折，始终怀着共同信仰的民族，能坚定不移地向着既定目标奋发前行。历史上，凡是为人类进步事业做出贡献的人，都是在崇高理想的激励下克服各种困难取得成功的。1853 年，17 岁的卡尔·马克思在他的毕业论文中写道：“如果我们选择了最能为人类福利而劳动的职业，我们就不会为它的重负所压倒，因为这是为全人类所做的牺牲。”正是胸怀这样的理想，面对屡遭迫害的险恶政治环境、极度贫困的生活，马克思在长达 40 年的时间里，从未放弃对真理的追求，从而成为一位为人类社会和精神发展做出了不朽贡献的历史伟人，成为被世界公认的“千年第一思想家”。1910 年，同样 17 岁的毛泽东立志走出韶山冲继续求学。在离家赴湘乡东山高等小学求学前夕，毛泽东提笔写了一首《赠父诗》，夹在父亲每天必看的账簿里，说：“孩儿立志出乡关，学不成名誓不还。埋骨何须桑梓地，人生无处不青山。”毛泽东用此诗来表达自己一心求学、胸怀四方的坚定理想、决心和意志，并最终成就伟业。朱德为寻求救国真理，放弃在滇军的高官厚禄，毅然投身革命事业，将革命进行到底，美国记者史沫特莱评价他，“总能用坚定的信仰、高远的情怀点燃将士理想，照亮前进征程”。马克思说：“历史从哪里开始，思想的进程也从哪里开始。”一个人、一个国家、一个民族，要生存，要发展，都离不开理想信念。习近平总书记曾在多个场合推荐一篇文章，叫作《信仰的味道》，该文提到共产党最早的 5 名党员之一陈望道，潜心翻译《共产党宣言》，将墨汁当成了红糖吃掉而浑然不觉，甚至觉得墨比糖还要甜，为什么？那是信仰的味道，是忠诚的味道，只有真正的共产党员才品味得出来。人活一世，总要有点精神、有点信仰，事实上，信仰的力量是无穷的，无数的革命前辈抛头颅洒热血，他们的力量无不来源于信仰。

三、崇高的共产主义理想是共产党人安身立命根本

在人的思想动力系统中，崇高的理想不仅是调动人的全部潜能的“总开关”，还是人生路上的“指向灯”。习近平总书记在十八届中央政治局第一次集体学习时就深刻指出：“坚定理想信念，坚守共产党人精神追求，始终是共产党人安身立命的根本。”[①]

在胜利和顺境时，就能做到不骄傲、不急躁；在困难和逆境时，就能做到不消沉、不动摇；就能经受住各种风险困难的考验，自觉抵御各种腐朽思想的侵蚀，永葆共产党人的政治本色。一名耄耋之年的长者最爱这样介绍自己：“我是部队文艺战线上的一名老兵。”他说：“部队也有‘风花雪月’，风是铁马秋风，花是战地黄花，雪是楼船夜雪，月是边关冷月。”这名老兵，叫阎肃。他23岁入党参军，作为一名党员文艺兵，他常跑基层慰问官兵，常下连队进行创作，常去现地体验生活。他的作品，饱含着对兵、对民、对党的深情，《团结就是力量》《敢问路在何方》《我爱祖国的蓝天》等，是他内心最真实的写照。在超过一个甲子的军旅生涯中，他以一片丹心、一腔热

---

① 习近平：《紧紧围绕坚持和发展中国特色社会主义学习宣传贯彻党的十八大精神》（2012年11月17日），载《人民日报》2012年11月19日。

血、一身正气，始终战斗在讴歌主旋律、弘扬民族精神的第一线，创作出1000多部（首）文艺作品，参与策划100多场重大文艺活动，为繁荣发展社会主义文艺事业做出突出贡献。听党的话、跟党走是阎肃老师奋斗一生的信仰追求；一片丹心向阳开，是老师笔下革命者的铮铮誓言，也是他一辈子的生动写照。央视在采访阎肃老师时，他指着满柜子的证书、奖牌说："我这一辈子得的奖状和证书实在太多了，但对优秀共产党员这个荣誉情有独钟……被评为优秀共产党员，我打心眼里感到光荣，激动得不得了。"这就是一名共产主义战士的信仰，一名合格党员的信念。事实上，在过去很长的时间里，共产主义信仰不是问题。人们熟悉一个小故事，邓小平同志的女儿毛毛问邓小平："长征的时候你做什么？"回答："跟着走！"跟谁走？跟共产主义信仰走。如此一个几乎无意识的命题，却成为当下人们的思想困惑。哲学上讲，社会存在决定社会意识，任何一个人的社会存在都会决定其信仰什么，不信仰什么。共产党员的信仰就是社会主义和共产主义，这也是共产党员的政治灵魂！二战时期，中华大地上有这么一个奇怪的现象，那就是穿着日本军装的伪军人数比日军还要多。因为百年的屈辱让这些人丧失了信心，没有了精神支撑，很容易堕落、苟且偷生。中国共产党找到共产主义信仰后，一种前所未有的精神力量形成，这也是为什么志愿军在十分艰难的条件下，能把以美国为首的联合国军逼到谈判桌上来。美军有人这样说："他们战斗到最后一个人的姿态就像殉道者似的，这大概不是因为命令和纪律，一定是信仰，他们信仰共产主义，憎恶帝国主义，这已经深入他们思想的深处，不，已经深入骨髓。"所以，信仰是每一名党员的骨架，它撑起了共产党人的脊梁，成为他们安身立命的根本。

四、崇高的共产主义理想是共产党人的政治灵魂

习近平总书记指出：理想信念是世界观和政治信仰在奋斗目标上的具体体现。一个国家、一个民族、一个政党，任何时候任何情况下，都必须树立和坚持明确的理想信念。如果没有或丧失理想信念，就会迷失奋斗目标和前进方向，就会像一盘散沙而不能形成凝聚力，就会失去精神支柱而自我瓦解。这是总书记从国家、民族、政党层面，强调理想信念的重大意义。如果具体到国家的一个公民、民族的一个分子、政党的一个成员，也是一样的道理，理想信念同样不可或缺、不可动摇。党员如果没了理想信念，就好像一个人丢了魂一样，势必会在工作和生活中，浑浑噩噩，颠三倒四，是非不辨，黑白不分，甚至变成一个痞子、赖子、渣子。这样的党员，如何能够做到全心全意为人民服务？如何能够做到不惜牺牲个人一切，为实现共产主义奋斗终身？又如何能够成为中国工人阶级的、有共产主义觉悟的先锋战士？党的第一届代表大会有 13 名代表，他们因为理想信念不同，最终走向不同的人生结局，毛泽东、董必武始终坚守信仰，成就了一番伟业，成了中国历史的伟人；何叔衡、邓恩铭、陈潭秋和王尽美，为革命事业不惜抛头颅、洒热血，成了名垂青史的烈士；而李达、李汉俊、周佛海、包惠僧自行脱党，陈公博、刘仁静、张国焘被开除党籍，成了背叛革命的败类。可以说，他们因为有共同的理想信念，聚集在中国共产党的历史原点，也因为理想信念的不同，从这个原点走向不同的

人生方向。像周永康、令计划、郭伯雄、徐才厚等人，他们都是失去了信仰的人。

习近平总书记强调，革命理想高于天。对马克思主义的信仰，对社会主义和共产主义的信念，始终是共产党人的命脉和灵魂。前有无数先烈抱定“砍头不要紧，只要主义真”舍生取义，后有少数老虎苍蝇上演“台上马列主义，台下享乐主义”以身试法，正反两方面的事实充分证明，理想信念是共产党人必须补足的精神之“钙”，缺了钙，就会得“软骨病”，就可能导致政治上变质、精神上贪婪、道德上堕落、生活上腐化。作为党员干部，我们一定要从党和国家生死存亡的高度坚定理想信念，做到虔诚而执着、至信而深厚，在各种诱惑面前立场坚定，在大是大非面前旗帜鲜明，在风浪考验面前无所畏惧，在具有许多新的历史特点的伟大斗争中，永葆共产党人政治本色。心中亮明灯，这盏灯，就是实现共产主义的最高理想。心有明灯，就能不偏航、不迷向、不懈怠、不慌神，在任何时候、任何情况下都能做到政治信仰不变、政治立场不移、政治方向不偏，守住自己的政治生命线，守住自己的政治灵魂。

第二节　永远保持建党时中国共产党人的奋斗精神

“面向未来，面对挑战，全党同志一定要不忘初心、继续前进。”在庆祝中国共产党成立95周年大会上，习近平总书记提出了坚持不忘初心、继续前进的八方面要求，为的就是告诫全党，无论我们走多远，都不能忘记走过的路，不能忘记为什么出发；为的就是警醒全党，永远保持建党时中国共产党人的奋斗精神，永远保持对人民的赤子之心，我们党才能战胜一切艰难险阻、永远立于不败之地。总书记的讲话深刻诠释了作为马克思主义政党的价值追求和品格风范。“志不立，天下无可成之事。”对于我们来说，习近平总书记讲话精神既是思想上的一次洗礼，更是推动工作的一针强心剂，面对实现中华民族伟大复兴中国梦的重任，我们只有不忘初心，始终不渝地保持奋斗精神，才能在新的历史起点上续写新的辉煌。

一、永远保持奋斗精神是马克思主义政党的本质要求

习近平总书记指出，先进性和纯洁性是马克思主义政党的本质属性，贯穿于党的性质、宗旨、任务和全部工作中，体现在各级党组织和全体党员的实际行动上。这种先进性和纯洁性，不是固定不变的，而是与时俱进、随着形势和任务的发展变化而不断丰富与发展的。回顾历史许多先辈英烈为我们做出了榜样。李大钊不到38岁英勇就义，毛泽东34岁上井冈山，朱德31岁参加护法战争，周恩来29岁领导南昌起义，聂耳不到23岁谱写《义勇军进行曲》。这些有着执着理想信念的革命先烈、马克思主义的忠实信徒，用自己的奋斗牺牲诠释了什么是共产主义，什么是共产党人。改革开放以来，无数共产党人为了国家富强和民族振兴，顽强拼搏，勇往直前，创造了一个又一个奇迹。从焦裕禄到杨善洲，从邓稼先到袁隆平，从雷锋到郭明义……概莫能外。这些优秀共产党人闪耀的无不是先进性和纯洁性的光芒。

正是一批批优秀党员紧跟时代步伐，把崇高理想与时代要求结合起来，才使得我们的党常葆先进，我们的国家实力不断提高。

二、永远保持奋斗精神是共产党人的安身立命之本

其兴也勃焉，其亡也忽焉。纵览历史风云，细细品味历代王朝兴衰，不难发现，政权的衰落更迭，无不与精神懈怠、贪图安逸有关。中华民族历来以艰苦奋斗、奋发图强著称于世，正是凭着艰苦奋斗精神，中华民族才绵延5000年而生生不息，屡受磨难、备遭浩劫而自立于世界民族之林。我们党是靠艰苦奋斗起家的。从井冈山时期的红米饭、南瓜汤，到长征路上“野菜充饥志越坚”，到抗日战争时期的土窑洞，再到解放战争时期的“小米加步枪”打败敌人“飞机加大炮”，这其中蕴含的艰苦奋斗作风已成为我们党的传家宝。1949年3月，党在西柏坡召开七届二中全会时，中国革命处于全国胜利的前夜，党内便有人忘乎所以。毛泽东同志敏锐地觉察到这一点，发出警示：“因为胜利，党内的骄傲情绪，以功臣自居的情绪，停顿起来不求进步的情绪，贪图享乐不愿再过艰苦生活的情绪，可能生长”，要求全党同志坚持做到“两个务必”。进入改革开放新时期，邓小平同志也告诫全党，“中国搞四个现代化，要老老实实地艰苦创业。我们穷，底子薄，教育、科学、文化都落后，这就决定了我们还要有一个奋斗精神的过程”。党的十八大以来，习近平总书记多次就艰苦奋斗、厉行节约做出重要批示指示，强调过紧日子、过苦日子，工作生活中带头厉行勤俭节约，保持艰苦朴素优良作风，从赴广东考察工作时吃自助餐，到

赴河北调研时吃大盆菜；从在河北阜平住16平方米的房间，到在四川芦山地震灾区住临时板房，等等。习近平总书记的一言一行，都彰显出共产党人的本色作风和为民情怀。历史告诉我们，中华民族走过的历程，是中国共产党和中国人民用鲜血、汗水铸就的。没有奋斗精神，就没有今天的社会主义新中国。

三、永远保持奋斗精神是共产党人战胜艰难困苦的精神支柱

中华民族历来具有艰苦奋斗精神。“天行健，君子以自强不息”“艰难困苦，玉汝于成”“居安思危，戒奢以俭”“历览前贤国与家，成由勤俭败由奢”等千年传诵的古训，一直是我们治国理家立身的谆谆告诫。正是凭着艰苦奋斗精神，5000年的华夏文明饱经沧桑而生生不息，中华民族屡受磨难而昂扬奋起。中国共产党人继承了这种优秀的精神品质。走过近百年，世界上那些与中国共产党大致同期建立的政党，很多已烟消云散。中国共产党为什么能历经百年而不衰，历经磨难而不垮，生命力愈益强盛，一个重要原因是有远大理想和崇高追求，始终秉承着先锋精神之初心，始终保持着不懈奋斗的姿态。习近平总书记强调，要始终保持昂扬向上的精神状态，把心思用在干事业上，把精力投到抓落实中，创造实实在在的工作成绩。总书记的重要论述，深刻揭示了共产党人崇尚事业的远大胸怀和伟大的奋斗精神。建国初期，我们国家一穷二白、百废待兴，当时钱学森、李四光等一大批在海外已经有所成就的科学家，毅然放弃优厚待遇回到祖国怀抱，投身社会主义建设。他们把为人民谋福利、为国家做贡献作为己任，

以实际行动为我们树立了热爱国家、崇尚事业、艰苦奋斗的丰碑。对党员干部来说，能不能做到对事业无限热爱、执着追求，奋发进取是党性的考验、作风的检验。我们正处在一个奋发有为的时代，既面临机遇更充满挑战，每个同志都要牢固树立为共产主义事业奋斗的远大理想，真正把个人的抱负、志趣融入到党的事业之中，对本职岗位充满感情、倾注热情、满怀激情，坚持事业至上、心无旁骛的工作姿态，追求一流、不断超越的工作标准，切实在艰苦奋斗、干事创业中彰显共产党人的先进性，永远保持中国共产党人的奋斗精神。

四、永远保持奋斗精神是推动党的事业走向兴盛与发达的强大动力

历史证明，永葆奋斗精神，是一切进步力量走向兴盛与发达的根本保证，也是我们党克敌制胜、战胜困难、走向胜利的法宝。90多年来，我们党既靠奋斗起家，更靠奋斗发展，成就了一项又一项伟业。战争年代，无数革命先烈不为官、不为钱，不图名、不为利，一心只为革命事业，用生命践行着庄严的入党誓言，有名可查的烈士就有370多万，还有许多没留下姓名。在社会主义建设时期，涌现了雷锋、焦裕禄、孔繁森、郑培民、杨业功、李向群等一大批为党的事业奉献终身的时代楷模。正是他们用青春、热血和生命，创造、传承和发展着我党优良的事业品质。无论是“敌军围困万千重、我自岿然不动”的井冈山精神，“红军不怕远征难、万水千山只等闲”的长征精神；还是延安窑洞的“自力更生、艰苦奋斗”精神，西柏坡的“两个务必”；还是

新时期“万众一心、众志成城、顽强拼搏”的抗洪精神，“瞄准尖端、开拓创新、忘我奉献”的载人航天精神，等等，都凝结着千千万万共产党人一心向党、真心为民、忠心报国的事业追求，构成了中国共产党优良事业品质的基因图谱，闪耀着共产党人独具魅力的精神光芒。

五、实现中华民族伟大复兴中国梦必须有奋斗精神

实现中华民族伟大复兴中国梦，是亿万中华儿女的伟大事业，凝聚了几代中国人的夙愿，是每一个中华儿女的共同期盼。习近平总书记指出：“现在，我们前所未有地靠近世界舞台中心，前所未有地接近实现中华民族伟大复兴的目标，前所未有地具有实现这个目标的能力和信心。”回望历史，追昔抚今，方知蓝图珍贵。从 1953 年“一五计划”，到 2015 年“十三五规划”。60 多年来，从人均国民收入 27 美元，到今天的 8000 多美元；经济总量从 316.5 亿美元，到今天的 10 万亿美元；我国从一穷二白，到成为世界第一制造大国、最大贸易国、最大外汇储备国；从铁钉、火柴都造不出来，到核电、高铁落户欧美，“两弹一星”横空出世，“嫦娥”奔月，“蛟龙”入海。尤其我们确立“一带一路”战略、创建亚投行和提出“中国方案”等，都体现着大国地位和雄厚的国力。我们党带领人民，“不忘初心”，靠着奋斗精神，接续奋斗，取得了一个又一个成绩，创造了一个又一个辉煌，凝聚着一代又一代领导核心的智慧和力量，展示着一个又一个蓝图的绘就和实现，践行着共产党人“不忘初心”的理想信念和根本宗旨。行百里者半九十。昨天的成功并不代表着今后会一帆风顺，过

去的辉煌并不意味着未来将一马平川。当前，我国进入全面建成小康社会决胜阶段，任务十分艰巨而繁重。从全国来看，人民生活水平总体上达到了小康，但水平还比较低，也不够全面。我们在实现中华民族伟大复兴的道路上肩负的任务十分艰巨，所面对的困难重重，其困难的复杂性往往也是难以预料的。要战胜这些困难，破除这些障碍，我们必须要永远保持奋斗精神。

六、坚持以坚定的政治信仰激发奋斗精神

毛泽东同志指出："坚定正确的政治方向，是与艰苦奋斗的工作作风不能脱离的，没有坚定正确的政治方向，就不能激发艰苦奋斗的工作作风；没有艰苦奋斗的工作作风，也就不能执行坚定正确的政治方向。"这一重要论述，深刻揭示了政治方向、政治立场与艰苦奋斗之间的辩证关系。我们党带领人民夺取革命胜利，除了理论、路线、方针正确和人民拥护，还因为有一大批以党和人民利益为最高准则，"革命理想高于天"，义无反顾、舍生忘死追求真理的共产党人。正是怀着这种信仰，红军长征爬雪山、过草地，野菜充饥，篝火御寒，战胜敌人围追堵截，纵横 11 个省，行程两万五千里，胜利到达陕北。正是怀着这种信仰，在敌人的老虎凳、吊索、撬杠、电刑、竹签钉十指等酷刑面前，29 岁的女共产党员江竹筠视死如归。在物欲甚嚣尘上的今天，拜金主义、享乐主义和奢靡之风有滋长蔓延之势，党员干部如果没有坚定的信仰，就不可能艰苦奋斗，就抵挡不住各种腐朽思想文化侵蚀，就经不住拒腐防变的现实考验。面对意识形态领域尖锐

复杂斗争、敌对势力渗透破坏和市场经济负面影响，我们必须高举中国特色社会主义伟大旗帜，坚定对马克思主义的信仰，对中国特色社会主义的信念，对改革开放和社会主义现代化建设的信心，对以习近平同志为核心的党中央的信赖，在任何时候、任何情况下，不动摇信仰、不迷失方向，自觉做党的坚定举旗手和忠实捍卫者。

七、坚持以真抓实干体现奋斗精神

“空谈误国，实干兴邦”“功崇惟志，业广惟勤”，永葆奋斗精神，需要我们每一个人付出辛勤劳动和艰苦努力，既不能妄自尊大，也不要妄自菲薄，一切从实际出发，出实策、办实事、求实效，用实干一步步实现中华民族伟大复兴的中国梦。习近平总书记指出：“只有脚踏实地、埋头苦干，才能把握机遇、乘势而上。”伟大的“两弹一星”精神就是艰苦奋斗精神的生动体现。半个世纪前，我们白手起家，一无图纸，二无参考资料，三无设备，四无专门人才，加上帝国主义封锁，我国经济刚刚起步，可谓困难重重，举步维艰。在茫茫大戈壁，从将军到士兵，从部长到技术员，在艰苦条件下不畏艰苦，在恶劣环境中创造奇迹，一锹一镐、一锤一斧地开辟中华民族的伟大事业。当时没有计算器更没有计算机，为了计算一个公式，几百人在大仓库里用算盘计算几天几夜，渴了喝口凉水，饿了啃块馒头，困了打个盹，就是以这样顽强拼搏的精神，攻克一个个技术难关，向着胜利一步步挺进。1964 年 10 月 16 日第一颗原子弹爆炸成功，1967 年 6 月 17 日第一颗氢弹试验成功，1970 年 4 月 24 日第一颗人造卫星发射成功。短短几年时间，在攀登现代科学高峰的征途上创造了“两弹一星”的人间奇迹。实践证明，民族要振兴、事业要发展、个人要进步，都离不开苦干实干、拼搏拼命的精神，都必须靠老老实实、扎扎实实、兢兢业业、勤勤恳恳工作。

八、坚持以良好作风砥砺奋斗精神

我党历来具有生活节俭、艰苦奋斗的优良传统和作风。老一辈无产阶级革命家在这方面堪称典范。20 世纪 60 年代初，是我国经济最困难的时期，毛泽东、周恩来等革命领袖与人民同甘共苦，勒紧裤带渡难关。毛泽东对身边同志郑重地重申“三不”：不吃肉、不吃蛋、不超定量。他说：“我吃饭有米有青菜就行，肉和鸡蛋要出口换机器。”周恩来的办公桌上，文具盒是工作人员用五合板做的，墨盒和镇尺是用打下的敌机残片做的，两个笔筒是价钱最便宜的普通玻璃杯，其中一个已经破了，里外都用橡皮膏粘起来的。这就是共产党人、革命领袖的崇高风范。改革开放以来，由于长期和平环境和生活条件的改善，特别是在经济发达地区，崇尚节俭的观念在一些党员干部头脑中淡漠了，浮华奢侈之风渐渐蔓延。“强本而节用，则天不能贫”“本荒而用侈，则天不能使之富”。虽然时代进步了、生活改善了，人们适度消费是正常的，但对党员干部来说，都应该清醒认识我们人口多、底子薄的基本国情，看到干事创业道路上的风险和艰辛，自觉在物质生活追求上“寡欲尚俭”，保持适度消费、勤俭节约的生活习惯，以克勤克俭，无怠无荒的优良作风砥砺奋斗精神，不忘初心，继续前进，撸起袖子加油干。

第三节 不断坚定理想信念继续前进

在当今社会新环境新思潮影响下，党员干部的理想信念和人生观、价值观面临着许多诱惑和考验，社会上一度弥漫着“理想理想、有利就想，前途前途、有钱就图”的氛围，一些党员干部理想信念有所淡化，价值追求发生偏移，有的甚至腐化堕落、走上犯罪道路。当前，坚定理想信念，最重要的是对党忠诚，深入学习贯彻习近平总书记系列重要讲话，坚持用党的创新理论武装头脑，坚定中国特色社会主义道路自信、理论自信、制度自信、文化自信，践行宗旨，淡泊名利，树立正确的世界观、人生观、价值观，保持共产党人的政治本色。

一、要深化理论武装

有句话讲得好，如果说要变质，那么思想的庸俗化就是危险的起点。理论的深度决定视野的广度、思想的高度和行动的力度。就一个人来讲，思想决定行为，行为决定习惯，习惯决定命运。一些人犯错误，甚至走向犯罪的深渊，他们忏悔的第一条，都是放松理论学习，放松思想改造。前车之鉴，这是值得深思的。习近平总书记深刻指出：“理论上清醒，政治上才能坚定。坚定的理想信念，必须建立在对马克思主义的深刻理解之上，建立在对历史规律的深刻把握之上。”①

① 习近平：《在庆祝中国共产党成立95周年大会上的讲话》（2016年7月1日），载《人民日报》2016年7月2日。

要炼就“金刚不坏之身”，必须用科学理论武装头脑，不断建设我们的精神家园。

一是全面领会党的理论创新成果。党的十八大以来，习近平总书记围绕改革发展稳定、内政外交国防、治党治国治军发表的系列重要讲话，站在时代进步和战备全局的高度，深刻回答了党和国家事业发展的重大理论和实践问题，是我们党对中国特色社会主义规律、马克思主义执政党建设规律的丰富和发展，是实现“两个一百年”奋斗目标、实现中华民族伟大复兴中国梦的行动指南。在新的历史条件下，坚定理想信念，最重要的是学习好、领会好、贯彻好习近平总书记系列重要讲话精神。要全面领会关于坚持和发展中国特色社会主义和中国梦、“四个全面”战略、“五位一体”总体布局、“五大发展理念”、加强党的建设的重要论述，要注重用系列重要讲话精神武装头脑，更加坚定对中国特色社会主义的道路自信、理论自信、制度自信和文化自信，更加坚定对以习近平同志为核心的党中央的政治自信、组织自信和能力自信。

二是深刻把握党的创新理论精髓。坚持读原著、学原文、悟原理，经常学、反复学、持久学，研机析理、把握真谛，学习习近平新时代中国特色社会主义思想。深刻把握鲜明立场，准确理解基本观点，把学习内容转化为价值追求和行为准则，进一步站稳政治立场、增强政治定力。牢固树立对马克思主义、共产主义的坚定信仰，对中国特色社会主义的坚定信念，对党和人民事业必胜的坚定信心；深刻把握习近平新时代中国特色社会主义思想贯穿的历史担当精神，深刻认识中华民族伟大复兴的神圣使命，把责任扛在肩上，创造经得起检验的新业绩；深刻把握习近平新时代中国特色社会主义思想贯穿的真挚为民情怀，坚持以民为本，始终把人民对美好生活的向往作为我们的奋斗目标；深刻把握习近平新时代中国特色社会主义思想贯穿的务实思想作风，坚持求真务实、真抓实干，以抓铁有痕、踏石留印的劲头，善始善终、善做善成；深刻把握习近平新时代中国特色社会主义思想贯穿的科学思想方法，注重以全局视野、长远眼光看问题，注重运用两点论、重点论分析问题，让创新贯穿党和国家的一切工作，不断增强工作的科学性、预见性、创造性。

三是党的创新理论指导实践。学习贯彻习近平新时代中国特色社会主义思想，必须坚持知行合一，把学到的思想理论、形成的观念认识付诸个体实践，扎扎实实地解决实际问题。要大力弘扬理论联系实际的马克思主义学风，努力在联系实践、学以致用、指导实践上下功夫、见成效。要紧密联系本部门的工作实际和正在做的事情，自觉地运用党的理论创新成果研究解决改革发展稳定中的各种重大问题，把学习的收获和成果转化为谋划工作的思路、促进工作的举措、领导工作的本领、切实提高推动科学发展、促进社会和谐的能力。要紧密联系个人的思想实际，把改造客观世界与改造主观世界结合起来，自觉加强主观世界的改造，使学习的过程真正成为进一步坚定理想信念的过程，成为坚持立党为公执政为民、不断强化宗旨意识的过程，成为树立社会主义核心价值观、培养优秀思想品质和道德情操的过程，更好地肩负起自己的职责使命，坚定理想信念。

二、要锤炼党性修养

自建党以来，我们党每一代领导核心对加强共产党人的党性修养历来十分重视。毛泽东同志在1929年《关于纠正党内错误思想》中指出："要加强党内马克思主义理论和无产阶级思想教育，不断提高党员的思想觉悟，把党员教育和锻炼成坚定的共产主义战士。"共产党人的党性是共产党人理想信念和精神家园的本质表现，不断加强党性锻炼和党性修养，是党员、干部始终保持思想纯洁的重要保证。作为党员领导干部要始终做到信仰坚定、对党忠诚，就必须把坚定理想信念作为安身立命的主心骨，作为修身立业的压舱石，强化党性锻炼，筑牢思想根基。要始终牢记自己的"第一身份"是共产党员，"第一职责"是为党工作，任何时候都要站稳立场、明白是非，增强政治定力，补足理想信念的"精神钙"，拧紧世界观、人生观、价值观的"总开关"，自觉把坚定政治信仰这一最闪亮的精神光环，置于头顶、装在胸中、落实到行动上，做到始终忠诚于组织，任何时候都与党同心同德。

一是要在提升思想修养上下功夫。鲁迅先生把它比作是"无情面地解剖我自己"，周恩来把加强思想修养称之为"革心"。这些都非常生动而富有哲理地说明了加强思想修养的极端重要性。现实生活中，为什么有的党员干部贪污腐化，甚至走上违法犯罪道路，一条根本原因，就是不注重加强自身的思想修养，放松了世界观的改造。这就告诉我们：一个党员干部不管身居何位、掌握何权、处在何地，一旦放松了思想改造，就容易栽跟头、摔跤子。特别是在当前形势下，我们受多元思想文化的冲击很大，面对的各种考验和诱惑很多，保持思想的纯洁和巩固显得尤为重要。一定要把加强思想修养的过程，作为强化党性、完善自我、提升境界的过程，坚持一点一滴修炼，一言一行改造，真正做到终生不懈、修养不止。

二是要在积淀学识修养上下功夫。“非识无以断其义，非才无以善其文，非学无以练其事。”没有丰厚的学识修养作积淀，党性修养就失去了营养和动力。进入21世纪，人类知识总量正在以几何级数的速度递增，知识的折旧率也在日益加快。有专家预测，到2020年，知识的总量将是现在的3到4倍，知识的淘汰率达到80%，一个人所具有的学识，如果每年不能更新7%的话，那么他将无法适应社会的变化。当前，我们多数同志知识结构还不尽合理、知识蕴量还不够丰富、知识素养还不够深厚。作为党员干部，如果没有较高的学识水平，就很难胜任本职，也很难完成党组织赋予的重大任务。我们常讲，组织可以给你一个位子，但并不能给你相应的知识和能力；可以给你一副担子，但并不意味着你已经具备了挑起这副担子的肩膀。因此，我们一定要有一种“知识恐慌”和“本领恐慌”的紧迫感，自我加压充电，不断提升学识修养。

三是要在历练人格修养上下功夫。人格，是指做人的资格和为人的品格，其价值标准往往表现为一定的威望和威信。明代哲学家王阳明曾用金子比喻人格，认为纯度越高，品位就越高。有时候，完美的人格往往可以弥补才能的不足，而天大的才能却弥补不了人格的缺陷。人格魅力，从某种意义上讲，是一种非权力因素，许多情况下这种魅力是一种无声的号令，比磨破嘴皮、喊破嗓子更管用、更有效。实际工作中，我们常常会遇到这样的情况，同样一件事情、同样一个道理，有的讲出来大家就非常信服，而有的讲出来可能是另外一种效果，其主要原因是人格魅力的差异。从中可以看出，人格魅力是一种典范，能给人以教育和感动；是一种力量，能给人以鞭策和鼓舞；是一种操守，能令人效仿和尊重。

三、要提升道德境界

“人无德不立、业无德不兴、国无德不威。”我们党始终高度重视德的问题，把德作为加强干部队伍建设的重要内容，在选拔任用干部时，既要看才、更要看德。看其是否遵守党的政治纪律，能否在思想上政治上行动上与党中央保持高度一致，认真贯彻执行党的路线方针政策和中央决策部署，在大是大非面前是否清醒坚定，对人民群众是否满怀真情，在急难险重任务面前是否挺身而出，能否模范遵守道德规范、淡泊名利。毛泽东同志在《纪念白求恩》一文中，要求革命者做“一个高尚的人，一个纯粹的人，一个有道德的人，一个脱离了低级趣味的人，一个有益于人民的人”，这就是共产主义道德的特征。践行“讲道德、有品行”，要求每名共产党员全方位修养道德，在政治品德、社会公德、职业道德、家庭美德等各方面，都有更高标准和修为。时下，有少数同志不信马列信鬼神，政治上不清醒，思想上犯糊涂，道德上出问题。经验教训表明，党性强则德行好，德行差则党性弱。一个党员干部即使有多方面的才能，如果缺了德这一条，政治上就靠不住，遇有大风大浪就难以与党同心同德、同舟共济。党性的鲜明特征就是坚守党的政治信仰，说到底就是立场问题。在中华民族的血脉里，道德的血液已经奔涌流淌了5000年，主流始终是积极进步、向上向善的。习近平总书记指出：“道德之于个人、之于社会，都具有基础性意义，做人做事第一位的是崇德修身。一个人只有明大德、守公德、严私德，其才方能用得其所。”[①] 党员领导干部要带头端正价值追求，带头传承红色基因，带头恪守社会公德、职业道德、家庭美德和个人品德，树立正确的生活态度、健康的生活情趣、严肃的生活作风，保持共产党人的政治本色，不断提升自身在群众中的影响力感召力公信力。

一要培养健康情趣。习近平总书记在不同场合都谈到读书，他说：“我的爱好挺多，最大的爱好是读书。”细数老一辈革命家们的爱好，都极富个人品味。小平同志酷爱桥牌，在娱乐中培养了缜密敏捷的思维；朱德元帅对兰花情有独钟，“唯有兰花香正好”是他一生高尚情操的寄托；粟裕将军一生最大的爱好就是看地图、观地形，思考和研究打仗。健康向上的爱好，可以陶冶情操，提升自我，成就事业。相反，不健康的生活情趣就会使我们品行低下，荒废主业，甚至误党误国。

二要自觉践行宗旨。全心全意为人民服务是我党不变的宗旨。党心即民心，共产党员始终与人民心连心。河北农业大学教授、博士生导师李保国，35年如一日，一头扎进太行山，用科技成果帮助10多万农民脱贫致富，被老百姓尊称为“农民教授”“科技财神”，被习近平总书记誉为“太行山上的新愚公”。作为一名共产党员，就是要满怀赤子之心、公仆之情，不求位高显赫，但求问心无愧。

---

① 习近平：《青年要自觉践行社会主义核心价值观—— 在北京大学师生座谈会上的讲话》（2014年5月4日），载《人民日报》2014年5月5日。

三要永葆革命本色。《人民日报》曾经发表过一篇文章，问“雷锋当初向谁学”，雷锋日记告诉我们，当初雷锋就是向自己的领导学。他在望城县当公务员时，有一次，跟县委书记张光玉去开会，看见路上有颗螺丝钉，他踢了一脚走开了。张书记却捡起来，装进了口袋。这颗小小的螺丝钉，让雷锋懂得了什么是艰苦奋斗。雷锋当兵后有一次生病发烧，营长连夜叫来医生为他诊治，还脱下自己的棉大衣，送来了一床新被子，盖在雷锋身上，使雷锋懂得了无产阶级战友感情，后来就有了雷锋帮助战友乔安山的故事。雷锋的故事启示我们，党员的自身形象非常重要，你树起了一面旗，就能映红一大片、召唤一群人。

后记

对马克思主义的信仰，对社会主义和共产主义的信念，是共产党人的根本和政治灵魂，是共产党人经受住任何考验的精神支柱。靠着坚定的信仰信念，中国共产党从历史走向未来，从胜利走向胜利，成为中国特色社会主义事业的坚强领导核心。在新的历史起点上坚持和发展中国特色社会主义，党面临着执政考验、改革开放考验、市场经济考验、外部环境考验等四大考验，存在着精神懈怠的危险、能力不足的危险、脱离群众的危险、消极腐败的危险等四种危险。只有坚定信仰信念，在立根固本上下足功夫，才会有强大的免疫力和抵抗力，才能确保党和国家事业始终沿着正确方向胜利前进。为不断提高全党的马克思主义思想觉悟和理论水平，保持对远大理想和奋斗目标的清醒认知和执着追求，本书紧扣中国特色社会主义这个主题，集中阐述了习近平总书记关于坚定信仰信念的新思想、新观点、新论断，供党员干部学习使用。

囿于时间仓促和作者理论水平有限，本书难免存在疏漏之处，敬请读者批评指正。